黑马股

走势规律与操盘技巧

韩永生◎著

北方联合出版传媒（集团）股份有限公司

万卷出版公司

VOLUMES PUBLISHING COMPANY

ⓒ 韩永生 2010

图书在版编目（CIP）数据

黑马股走势规律与操盘技巧／韩永生著．－－沈阳：
万卷出版公司，2010.3

（引领时代）

ISBN 978-7-5470-0720-4

Ⅰ．①黑… Ⅱ．①韩… Ⅲ．①股票—证券交易—基本
知识 Ⅳ.① F830.91

中国版本图书馆 CIP 数据核字（2010）第 029935 号

出 版 者	北方联合出版传媒（集团）股份有限公司
	万卷出版公司（沈阳市和平区十一纬路 29 号　邮政编码　110003）
联系电话	024-23284090　　**邮购电话**　024-23284627 23284050
电子信箱	vpc_tougao@163.com
印　　刷	北京鹏润伟业印刷厂
经　　销	各地新华书店发行
成书尺寸	165mm × 245mm　　**印张**　14.5
版　　次	2010 年 11 月第 1 版　2010 年 11 月第 1 次印刷
责任编辑	赵鹤鹏　　　　　　**字数**　120 千字
书　　号	ISBN 978-7-5470-0720-4
定　　价	38.00 元

自从中国A股市场创建以来，暴涨的黑马股不断涌现，普通投资者面对这种投资机会，常常是望股兴叹，感到难以把握，其实黑马股的走势是有迹可循的。一直以来，我想整理总结一本关于黑马股走势规律的书，以帮助更多的投资者认识这种投资机会，从而把握黑马股的买卖时机。

许多投资者买入股票是基于对公司基本面的判断，认为股价的运动不仅仅反映了公司的赢利情况，还反映了国内和国际的宏观经济运行情况，认为股市是经济的晴雨表，一切利好利空因素均会反映在股价的涨跌上。正是基于这种认识，投资者利用追涨杀跌的方法炒股，一段时间内这种方法还是行之有效的。但市场是在不断的变化的，当人们看到股价上涨而买进时，股价并没有如人们所期望的那样继续上涨，第二天反而下跌了，把买进的投资者全部套死，被套的投资者期待股价能反弹，自己好保本出局，然而股价却一去不回头，再也回不到自己当初买入的价位，经过长时间的下跌后，股价已跌得面目全非，满目疮痍，投资者亏损惨重。

面对市场的变化，许多投资者就此改变了操作策略，把追涨杀跌变成高抛低吸，也就是投资者常说的逢低买进，逢高卖出，赚取短时间内股价波动的差价。然而什么价位是高，什么价位是低？当一只股票从20元跌到10元，你说是高是低？如果你认为是低，而买进，当股价跌到5元你怎么办？甚至跌到3元呢？这种例子在股市中很常见，很多投资者当看到股价大幅下跌，认为股价很便宜而去急着抄底，然而结果是往往底没有抄到，反而抄在了腰杆上，被套得死死的。

某些所谓的专家、经济学家在电视当中忽悠投资者要逢低吸纳，逢高派发，然而什么价位是高呢？对于手握一点点资金的投资者来说，他能控制股价的高低吗？如果你在5元买入一只股票，股价涨到8元，你认为是高了，而卖出股票，但当你卖出后，股价不仅没有下跌，反而继续大幅飙升，涨到12元，根本不给你低位回补仓位的机会，使所有卖出的投资者都悔恨不已，心里不断后悔自己少赚了多少多少钱；如果有些投资者受不了这种刺激，冲动情绪上来的话，极有可能在高价位买回来，此时正好中了主力的圈套；主力正是利用股价的大幅上涨激起股民的买入冲动情绪，当大量股民在高价位接盘后，股价将展开大幅下跌行情，在高价位买入的投资者将面对惨重的损失。

事实上，股价的运动并不是像人们想象的那样，反映了上市公司和宏观经济的一切信息。比如上市公司做假账，散布虚假信息，把亏损报表变成盈利等等，股价就很难做真实的反映，甚至做相反的反映，加上投资者的羊群效应，就为主力机构操纵股价提供了环境，创造了条件。庄家要想达到某种目的，故意拉抬或打压股价，散户往往跟风买卖，使投资者做出错误的行为，造成资金的亏损。

投资者要想赚钱，首先要保证自己买入的股票上涨的概率大，这样才能保证资金的相对安全，只有保证资金的安全，才能获得投资收益；如果买进的股票下跌，投入的资金就会发生亏损，长此以往，资金会越炒越少。

市场上有关证券分析的书籍可谓汗牛充栋，但介绍黑马股走势规律与操作技巧的书却不多，尤其是针对投资者在实战操作中如何把握黑马股操作机会的投资著作几乎没有。随着我国证券市场的不断繁荣发展，股市经历了2007年大牛市后，进入股市这一高风险高收益投资场所的人越来越多，人们急于赚钱的愿望越来越迫切，2008年的大跌行情，又让许多投资者的盈利回吐。在一轮牛熊循环之后，大多数投资者的收益并不理想，更多的投资者处于亏损状态。

2005年至2009年的行情当中，大幅上涨的股票无数，不能说没有投资机会，然而投资者真正抓住的却不多，这又是为什么？究其原因，主要因为大多数投资者对这些大幅上涨的黑马股缺乏系统深入的研究，对其走势规律不了解，导致遇到黑马股不敢介入，或者侥幸买入后只赚取了一点点利润就匆忙抛掉，反而失去后面大段的涨幅。

黑马股的走势具有代表性，是参与股市的投资者必须研究的对象，在投资过程中如何规避风险，提高操作成功率是投资者研究的重点。黑马股的形成有其内在因素，同时也有外部环境的制约，除了主力资金推波助澜的作用外，比如大势环境的好坏，炒作题材的想象空间，散户的投资心理等，都是影响股票走势的外在因素。

本书收录了A股市场2005年至2009年走势比较典型的黑马股，对于投资者研究股票运行规律是最好的学习参考资料，投资者通过分析研究书中介绍的黑马股走势图，相信对投资者以后的实战操作将会产生立竿见影的帮助。

目前市场上有关股票投资的书籍琳琅满目，往往使投资者无从下手，而有些书籍总是以各种绝招秘技来引诱投资者，投资者往往抱有快速致富的心理，希望能学到别人的绝招，结果往往是白花了钱不说，还有可能导致投资失误。一本好的证券图书，应该是简明扼要，以理性客观的描述，从宏观和微观两方面分析股票的运行规律，并向读者揭示其中所蕴含的投资机会以及潜在的投资风险，使投资者能够利用所学到的知识获取投资收益。

冷风树

2009年10月30日于山东乳山

E—mail: lengfengshu@126.com

学习专栏: www.wanyang591.com / index.asp? boardid＝21

目　录

CONTENTS

黑马股走势规律与操盘技巧

第八章　黑马股的操作技巧

第九章　突发事件对黑马股走势的影响

第一章

黑马股的形成要素

第一节 拥有想象空间的炒作题材

Section 1

　　谈到题材炒作，我们不能不说中科创业这只股票，当初这只股票最高被炒到84元，大多数普通投资者受股价暴涨和高科技题材的诱惑在高价位买入，结果一场暴跌，大多数投资者血本无归，然而炒作该股的庄家获得了暴利。当时这家名叫康达尔的公司是一家以养鸡、饲料为主业的上市公司，它的活鸡主要销往香港。1997年底，香港发生鸡瘟，几万只鸡瘟死，香港政府为了保护港人的身体健康，停止从大陆进口活鸡，受此影响，该公司的股价由15.4元跌到7.6元。其中有一个股民名叫朱焕良，此人拥有该公司90%的股票，如今股价狂跌，使他的几个亿的资金深套其中，走投无路。

　　正当他愁眉不展之际，突然想到了一个人，这个人不是别人，正是后来大名鼎鼎的庄家吕梁。当时吕梁在深圳做自由撰稿人，写过不少有关股市的评论文章，小有名气，有不少股民追随他，这就为他以后拉高股价吸引股民跟进创造了条件。当朱焕良诉明来意，希望吕梁帮他摆脱困境，吕梁也打上了自己的如意算盘，他与朱焕良商定，两人合作完成一个战略投资计划，将养鸡为主的康达尔公司重组成高科技公司，对股价进行炒作，由朱焕良按十三元的价格，将手中50%的流通股转让给吕梁，时间为期五年，在五年内不管股价涨到多高，朱焕良都要按十三元的价格转让股票，直到50%股票转让完为止，期限内朱焕良要为吕梁锁仓不得随意抛售股票。

　　这个协议订好后，吕梁首先以朱焕良手中的股票作为质押，从中煤信托融入巨资，并通过对倒购买了朱焕良手中的部分股票，紧接着又进行了一系列融资活动，完成对康达尔第一大股东股权的收购，从而实现控股康达尔公司，并将公司名称变更为中科创业，植入高科技题材，开始了坐庄、拉抬股价的序幕。

　　吕梁利用一千五百多个私人账户买卖股票，进行对倒操纵股价，同时制造虚假业绩和虚假题材，利用媒体散布虚假信息。中科创业股价的大幅上涨，引起了广大股民大量跟风，他们认为，中科创业有资产重组和高科技题材，未来发展空间广阔，大量跟风买进致使股价自己涨，压都压不住。在吕梁和朱焕良的操纵下，股民完全失去了理智，甚至一些券商、机构、分析师也十分看好该股，各路资金纷纷杀入该股，市场人气极为旺盛，在股价冲到八十多元时，竟被一些大券商评为"风险最小的十只股票之首，可以放心持仓的十大牛股之一"。

到了2000年春节，股票价格由当初转让时的十三元涨到了八十四元，股票价格比当初翻了六倍多，朱焕良和吕梁手中的股票已有数亿元的账面利润，受巨额利润的诱惑，朱焕良放弃了与吕梁之间的协议，开始大量疯狂抛售股票，再加上中科创业中的一些董事私自炒作老鼠仓，此时也跟风抛售，这么巨大的资金抛出，要吕梁接盘压力是可想而知的，吕梁无法短期内融入巨资接手抛盘，造成控盘资金链的断裂，从此股价开始了疯狂跳水，同时又引发了股民争先恐后的抛售。

股价雪崩。

中科创业股价雪崩对中国股市的打击是极其沉重的，参与其中的股民损失巨大。证监会通过调查取证，发现其炒作资金达到了五十四亿之巨，一百多家出资单位和个人与吕梁签订了委托理财协议，案件涉及一百二十家证券营业部，同时还涉及多家上市公司，所以它和银广夏股价操纵案一道，引发了证监会对股市违法违规行为大规模地严厉打击，从而导致其他股票跟风下跌，股市的疯狂下跌，造成股票市值的巨大损失。

由此可以看出，人们买进某一只股票并不完全是基于对公司价值的判断，而是基于对公司未来发展前途的想象，因此股票的诱惑力不在于股票所基于的投资价值，而在于它给投资者所提供的幻想。这种幻想愈大人们就愈愿意买进，都想趁机捞一把，投资者追高的意愿愈强烈，股价就涨得愈高；没有想象空间的股票，它的价格就不会被炒得很高，没有这种利益的诱惑，就不能吸引投资者买入。

有句话说得好："如果你爱他，把他送上股市，因为那里是天堂；如果你恨他，把他送上股市，因为那里是地狱。"股市的魔力在于一夜之间可以让你成为百万富翁，顷刻之间又能让你一贫如洗；股市的波云诡谲，起落无常，不知改变了多少人的命运。

股票诞生之初的本意并不是让人们用来买卖的，股票本身只是一个凭证，是表示投资者对某公司资产占有份额多少的凭证，上市公司通过发行股票募集资金，有了钱再用来扩大生产经营，而这些钱不用还也不用付息，可以随便花，投资者用真金白银买来股票进行投资、投机活动。

然而有一部分上市公司在圈到钱后，并不完全用到生产经营上，甚至有些公司老总贪污挥霍，导致公司经营每况愈下。投资者在买入股票后，上市公司几年不分红，有的甚至还连年发生亏损，股价不断下跌，造成投资者的损失。由于上市公司的业绩不稳定，加上各种各样的因素影响，造成股票价格大幅的波动，于是股票的性质就发生了异化，股票成了人们用来交易赚取差价的商品，人们用低买高卖获得投资收益，股票成了投机的工具，人们的买卖行为成了投机行为，股市成了投机的场所。

股票的诞生虽然依赖其所代表的企业资产，但是股票一旦上市，脱离了母体，它就有了自己独立的生命，这个时候股票的价格就不再基于公司的价值了，它完全脱离了公司的基本面，只要人们愿意跟风，有主力机构拉高股票，要它涨多高它就可以涨多高。当股价猛烈上涨的时候，那种巨大的赚钱效应刺激着每一个投资者的心。

由此来看，股票真正的价值不在于它有多少投资的价值，而在于它能给投资者提供多少想象的空间，它的价格高低变化能给投资者带来多少投机的机遇，这才是投资者真正买它的原因。

正是基于这种群众基础，握有大资金的主力机构通过自己的资金实力来控制股价的涨跌获取收益，然而只靠资金来拉高股价，所花费的成本高不说，股价涨的过高的话，普通投资者不买账，主力只能自拉自唱，于是主力机构想尽各种办法，让普通投资者接受股价，不断制造出新的概念来激发投资者的买入冲动情绪，激发股民的投资信心。当一个概念被炒过后，主力又会提出另一个闻所未闻的概念，这种题材越是朦胧股价越容易上涨，题材不断地花样翻新，股市里才有了此起彼伏的行情，这也就是股市顽强生命力的所在。

我们来看几个有关题材炒作，股票价格大幅上涨的例子：

1.图1.1是天威保变(600550)2005年5月27日至2007年5月25日的周K线走势图，天威保变是国内最大的电力设备变压器生产基地之一，另外公司是太阳能板块的龙头企业，是国内唯一具备完整产业链结构的光伏企业。公司参股25.99%的天威英利，其主要生产硅太阳能电池，天威英利二期项目已建设完毕，目前硅片年产能70兆瓦、电池60兆瓦、组件100兆瓦。天威英利2007年贡献投资收益21，252.49万元，占公司净利润的46.04%。

随着国际油价不断走高，新能源替代品的开发日趋严峻。该股具备太阳能题材，具有想象空间的炒作题材，加上无锡尚德的施正荣变成中国新首富，增加了太阳能炼金术的诱惑性，各路资金蜂拥

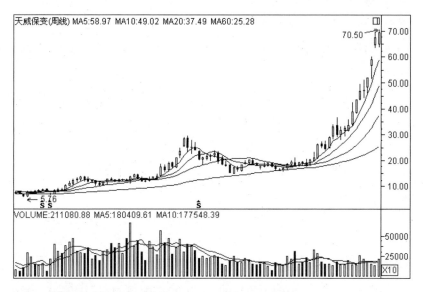

图1.1 天威保变 2005年5月27日至2007年5月25日 周K线走势图

图1.2 深圳惠程 2008年10月28日至2009年3月27日 日K线走势图

介入该股，导致该股大幅上涨。

2. 图1.2是深圳惠程(002168)2008年10月28日至2009年3月27日的日K线走势图，公司为深圳市高新技术企业，是城乡配电网络装备的生产商，产品属于新型配电设备，公司优势是新型高分子电气绝缘材料技术，目前已掌握从设计、原材料、核心部件到成套设备的全套技术，国家电网改造工程将给公司业务未来带来较大的发展空间。

该股自2008年10月28日触底5.56元以来，至2009年3月6日摸高23.48元，最高涨幅达4倍之多。公司在2月27日公布了"10转增10派3元"的分配方案后，股价全然不顾当时大盘的调整，接连三天涨停。深交所公布的公开信息，从2月27日至3月9日冲高筑顶过程中，主力资金轮流上阵，演出了一场借高送转题材炒作的好戏。

3. 图1.3是深深房A(000029)的日K线走势图，深深房是深圳本地老牌地产股。深深房的业绩却一直不温不火，最近几年的每股收益都只有几分钱（2008年、2007年、2006年的基本每股收益分别为：0.0189、0.0386、0.0199），2009年中报的每股收益0.0076

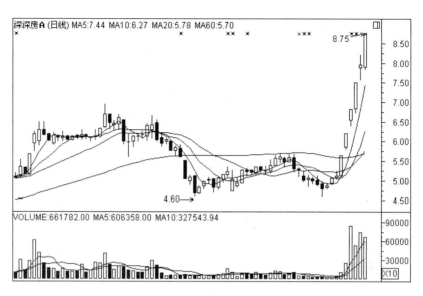

图1.3

元，连一分钱也不到。

即便业绩如此，深深房A股价却连续涨停，被主力资金连续爆炒。当深深房A成为市场明星的时候，地方国资整合、资产注入、高科技……各种各样的概念也冒了出来，参与"炒作"深深房A股的一位私募人士透露，据他得到的消息是事关深深房的国资整合，至于具体方案他并不清楚。

但如若仔细推敲这些概念，会发现这背后的风险不小，投资者面对飙升的股价有必要谨慎对待。

4.图1.4是中路股份(600818)的日K线走势图，该股由5元开始启动，经过两轮上涨，股价翻了四倍，受迪斯尼概念的炒作股价不断疯涨。上海浦东新区部分职能部门收到与迪斯尼项目有关的上层文件，要求就该项目推进展开全面配合，这意味着上海迪斯尼项目已经进入明确公布的最后准备期。

同时权威消息人士再次表示，迪斯尼项目已经板上钉钉，地址确定在川沙新镇黄楼区域。迪斯尼相关受益股均大幅上扬，其中概念龙头中路股份大幅上涨，界龙实业、陆家嘴、外高桥、创兴置业

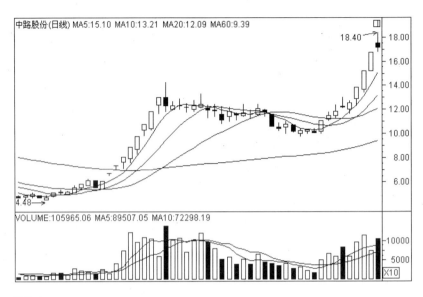

图1.4

等上海本地地产股也相继跟风上涨。

5. 受甲流感疫情，莱茵生物(002166)被爆炒。

自市场开始热炒"流感概念"以来，莱茵生物就受到市场热

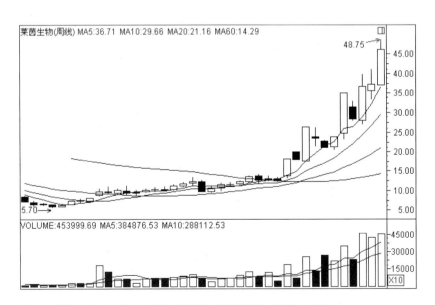

图1.5 莱茵生物 2008年10月10日至2009年7月17日 日K线走势图

捧，在4月27日、28日连续两个交易日，公司股票涨幅累计达到20%以上，墨西哥、美国爆发的甲型H1N1流感病毒疫情，新闻中提及此次疫情将增加八角提取物莽草酸的市场需求，对公司业绩产生重要影响。

经公司核查，公司目前未接到相关的莽草酸订单，此次疫情未对公司业绩产生影响；同时，公司生产经营情况正常，内外部经营环境未发生重大变化。然而，市场对莱茵生物的追捧却并没有因公司的澄清公告而降温（图1.5）。

6.华兰生物(002007)研制疫苗，受资金追捧。

公司控股子公司华兰生物疫苗有限公司甲型H1N1流感疫苗临床进展情况已于2009年8月21日披露。公司于2009年8月24日将申报甲型H1N1流感疫苗生产批件的资料报送国家食品药品监督管理局，并已获得正式受理。

同时，公司已正式启动了甲型H1N1流感疫苗的分装，截至8月25日疫苗公司已向中国药品生物制品检定所报送了15批甲型H1N1流感疫苗，该制品如经检定合格，待国家食品药品监督管理

图1.6 华兰生物2009年6月30日至2009年9月30日 日K线走势图

局组织的药品审评通过后，即可正式用于人体接种。消息一经发布，股价暴涨（图1.6）。

7.新大陆(000997)受物联网概念炒作，股价暴涨。

从默默无闻到火速蹿红，物联网是指将各种信息传感(识别)设备，如射频识别(RFID)装置、条码识别设备、红外感应器、全球定位系统、激光扫描器等种种装置与互联网结合起来而形成的一个巨大网络。

"物联网概念"只用了一周，几只主力股远望谷、新大陆、厦门信达和东信和平的周涨幅分别高达45.8%、46.3%、39.2%和33%。其实物联网这个概念美国在几年前就有，2009年8月份温总理在无锡视察时提出来，中移动老总王建宙访台时解释了物联网概念。鉴于目前市场比较平淡，又处于数据披露的真空期，所以市场才自发地去找到了一个新的概念去炒作。新大陆是做二维码公司，国内只有这一家具有核心技术，所以股价被主力资金爆炒（图1.7）。

图1.7

第二节 上市公司基本面的支撑

Section 2

股票的诞生依赖其所代表的企业资产，上市公司的好坏可以间接的影响股票价格的涨跌，潜伏其中的主力资金利用上市公司业绩的不稳定性，在低价位吸纳筹码，当上市公司发布业绩增长消息时在高价位派发筹码。由于长期以来普通投资者受到价值投资理念的教育，认为买股票只有买那些业绩优良具有成长性的股票，资金才能增值，投资才安全，主力机构正是利用了普通投资者的这种认识，加上上市公司配合，在高价位卖掉筹码。

基本分析主要分析上市公司的小环境，比如公司业务、主营收入、经营好坏等，从而对上市公司有个基本的了解，当然有些投资者认为可以对公司的财务报表进行分析，想法不错，但实际却行不通，为什么？首先作为普通投资者有几个人能看懂财务报表，再说上市公司也可以对财务报表造假，披露虚假信息。

例如中经开坐庄银广夏，在坐庄的过程中，上市公司为配合炒作，制造虚假业绩，虚增利润，误导市场，同时中经开还与基金合谋炒作。但中经开没想到，中国《财经》杂志于2001年8月以《银广夏陷阱》为题，将银广夏虚增利润、制造业绩谎言的丑恶行径暴露于光天化日之下，银广夏的股价出现大幅暴跌，最低时跌到3元多。由于股价的疯狂下跌，中经开投入的资金出现大幅亏损，直接导致了中经开的灭亡。再比如亿安科技的庄家也是利用虚假题材和业绩把股价从几元炒高到126元，遭证监会查处后，股价暴跌，受虚假信息诱导在高价位介入的股民亏损惨重。

就算上市公司不造假，也不披露虚假信息，但是由于市场的千变万化，使得公司的经营环境变幻莫测。市场的变化，决策的失误等等，都可以导致公司经营情况的不确定性，从而也就间接影响公司股票的价格涨跌。由于上市公司业绩不稳定性，不能给投资者带来投资收益，投资者只能借助股价的涨跌买进卖出，赚取股票的差价，把原本投资行为变成投机。

如果一个公司发布了业绩亏损公告，投资者就会抛弃这家公司的股票，股价必然会出现大跌，主力资金正好利用这点大幅打压股价，当投资者都不看好这家公司，都在抛售这家公司股票时，股价必然跌的很低，这时候，就会有人乘机出来吸纳这些廉价的筹码，只要公司不退市，此时买入大量股票是没有什么风险可言的，只要大环境走好或者公司业绩有好转，股价还会再涨起来的，在低位大量买入的资金自然就会赚得盆满钵溢。

即使这个公司是ST公司，面临退市风险，只要公司资产负债率低，股价便宜，有炒作空间，主力机构就可以乘机对公司进行资产重组，比如注入优良资产，借壳上市。由于ST公司连续亏损，对当地经济和政绩造成不良影响，当地政府部门非常欢迎有资金对公司进行重组并购。一旦重组成功，股价就会走出翻番行情，那些在低价位买入的资金就会大赚，实现对股票的成功炒作。

反过来说，普通投资者在公司亏损时，不明白公司到底亏成什么样子，以后会如何，能不能有资金对它重组，害怕公司退市，自己投入的资金打水漂，在这一系列因素的影响下，投资者在恐惧心理的作用下，以极低的价格卖出股票，亏损出局；当公司重组成功后，上市公司发布利好公告，此时股价已大幅上涨，普通投资者看到公司经营好转，有重组题材，认为股价还会大幅上涨，在利益的诱惑下，高价位买入股票，然而投资者期待的暴涨行情没有出现，相反股价却出现大幅下跌，下跌的真正原因是前期在低位买入的主力资金利用公司基本面转好的时机，吸引普通投资者买入，主力机构趁机可以出货，当主力机构出货，股价的大幅下跌就在所难免了。

主力机构炒作一只股票的前提条件是要对公司的基本面进行详细调研，有没有炒作题材等，同样也包括公司流通盘大小，适不适合主力资金进出，以及能不能有效控盘，股票的价位适不适合建仓等。

同时投资者在操作过程中也要注意公司基本面转坏的股票，比如管理层个别人出现问题，尤其是董事长或经理，都会导致股价出现下跌行情；还有公司所处的行业环境，导致公司基本面转坏，比如由于受经济危机影响，钢铁行业全面亏损，导致公司股价下跌；或者由于突发事件导致公司基本面转坏，比如政策变化，管理层投资失误，公司出现违法违规事件等都会影响股价的变动。就拿09年的五粮液来说，公司违规炒股发生亏损，公告当天股价就出现疯狂下跌；这些影响股价下跌的不利因素，投资者应注意及时回避风险。

为了避免投资过程中出现的一些不确定的风险，投资者在操作过程中，尽量选择自己比较熟悉的公司进行操作，尽量选择一些具有明确的业绩支撑或者增长预期的个股。出现业绩拐点的个股容易受到主力机构的关注，可望获得更大的涨幅，主力拉升期间容易受到资金的追捧，股价拉高后，有充足的接盘资金，主力机构容易出货，这类个股往往容易成为黑马股。

1.图1.8是福田汽车（600166）2008年6月27日至2009年11月6日的周K线走势图。福田汽车主要从事制造、销售汽车、农用车、

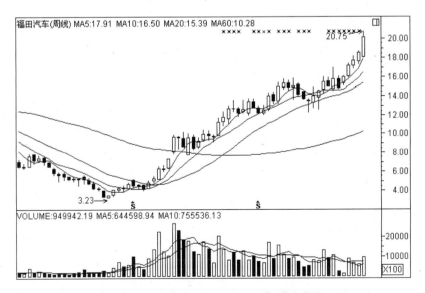

图1.8 福田汽车 2008年6月27日至2009年11月6日 周K线走势图

图1.9 长安汽车 2008年6月20日至2009年11月5日 周K线走势图

农业机械、模具、冲压件等，其中主要从事汽车业务，占主营收入的94%，是中国商用车规模最大、品种最齐全的汽车生产制造企业。2008年公司商用车市场占有率为15.5%，名列首位，是国内商用车领域的龙头企业。

2008年受经济危机的影响，汽车行业低迷，该股最低跌到3.23元，国家出台刺激经济政策扩大内需，汽车行业全面复苏，该股由3.23元涨到20元以上，总体涨幅达500%。

2.图1.9是长安汽车（000625）2008年6月20日至2009年11月5日的周K线走势图。公司的微车、小排量轿车、新能源汽车等重点产品，自主创新的技术路线，都符合国家汽车产业政策重点支持对象，符合社会及汽车工业发展趋势。同时；2009年公司被国家列入重点支持发展的企业，支持在全国范围内进行兼并重组，对公司未来的发展创造了良好的条件。

2009年以来，受国家扩大内需利好刺激，以及受惠汽车下乡，同时公司回购B股，又有资产重组预期，该股由3.4元涨至14元以上，总体涨幅达260%以上。

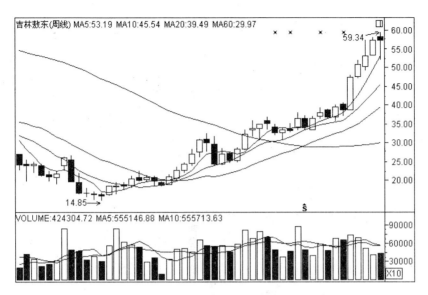

图1.10 吉林敖东 2008年8月15日至2009年7月31日 周K线走势图

3.图1.10是吉林敖东（000623）2008年8月15日至2009年7月31日的周K线走势图。公司是国家医药局重点扶持的50强企业之一，拥有丰富的药业资源和国内多家制药工厂，其主打产品安神补脑液还是我国首批中药保护品种，畅销国内和东南亚市场；吉林敖东2008年度分红派息方案为每10股派现金股利2元。

公司是吉林敖东药业集团下属的唯一医药上市公司，是敖东集团在医药产业的核心旗舰，由于公司地处我国中药材的天然宝库白山腹地，药材资源优势明显。该股2008年11月4日跌至14.85元，接近公司的净资产，投资价值突显，随后该股见底回升，总体涨幅达200%以上。

4.图1.11是熊猫烟花（600599）2009年7月9日至2009年8月21日的日K线走势图。公司前身是浏阳花炮，浏阳是世界烟花的发源地，也是世界上最大的花炮产销基地。公司生产、销售的花炮占全国第一位，主要出口国外，积极拓展经营领域的同时也在不断扩大海外市场。

2009年国庆节，对烟花的需求使公司的业绩增长预期大为提

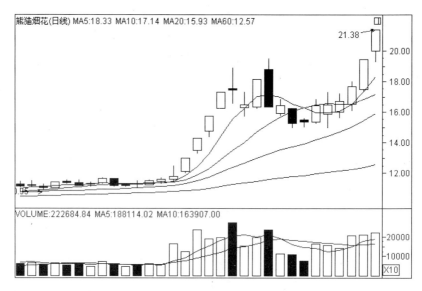

图1.11 熊猫烟花 2009年7月9日至8月21日 日K线走势图

升，借助利好消息的刺激，主力机构顺势拉升股价，各路资金追捧，股价由11元启动，经过两波上涨，总体涨幅达100%。

第三节 股价拥有较大的上涨空间

Section 3

在中国股市有一个规律，低价必涨，中国股市是以散户投资者为主体的资本市场，由于散户资金少，股民一般不愿去买价格很高的股票，由于股价涨的过高，买进的人就少，主力机构炒得太高的话就不能出货。主力机构反而愿意去炒那些业绩不怎么好的垃圾股，由于股票价格低一旦有资产重组等题材，上涨的空间就很大，加之股票价格便宜，容易引起普通投资者的关注。主力机构炒作低价股，散户容易跟风买进，3元的股票涨一倍炒高到6元，股民觉得便宜，主力机构容易出货，所以价格低的股票容易上涨。

而在西方股市这个规律就不一样了，有些股票价格只有几美分，是要摘牌退市的股票，股价不但不会上涨，反而会不断下跌；而有些价格很高的股票，看起来涨得很高，买入很危险，但股价却不断地在上涨，例如微软的股票，看起来价格高得离谱，但是股票价格不断创新高，之所以股价不断创新高，是由于公司的业绩不断增长，投资者敢于买入。

然而在中国股市，大多数上市公司没有发展的后劲，没有成长性。有些公司看起来业绩很好，股价高高在上，一旦业绩出现问题，股价下跌的空间就很大，容易造成股价的暴跌。

炒股盈利大，但风险也大，由于巨大的利益诱惑，普通投资者愿意进行这种投机活动，这就为庄家机构操纵股价提供了条件，这种条件是建立在普通投资者贪婪和恐惧的基础之上的。股价涨了，投资者还希望它涨，那些没有介入的投资者受利益的诱惑不断在高价位买入股票，当股价下跌时，投资者不知道为什么跌，看着自己的资金在一点点被蚕食，在害怕继续亏损的情况下，低价卖出手中的股票，造成亏损。

主力机构要想获得廉价筹码，必须要股价跌，那么如何才能让股价跌呢，主力机构一是配合利用国家出台的利空政策，拼命打压股价，当股价涨得太高，管理层害怕股市大幅上涨会影响经济的安全，所以要股市在一个稳定的区间运行，涨的太高了就要对它进行打压，比如2007年5月30日，由于股市疯狂上涨，财政部调高印花税，导致大多数股票连续跌停。再一个就是利用上市公司经营情况的不稳定性，甚至一些违法违规的事情，制造谣言，造成股价的大跌。

每年庄家、机构要做一波行情，如果没有一定的价格空间，股价就很难上涨，由于股价过高，股民买入的意愿就低，庄家不能顺利出货；如果把股价打压下来，再拉升，股民觉得股价低，有便宜可图，买入的意愿就相当强烈，主力也可以顺势拉高股价，股价越涨，股民越追，从而达到顺利出货的目的。

1. 2006年暴发的有色金属行情，相关板块个股大多数股价涨到30元以上，其起跑点都在5—9元左右，当然也有高起跑点之个股，但那是少数，绝大多数的大黑马都是低价位起动的，如云铝股份

图1.12

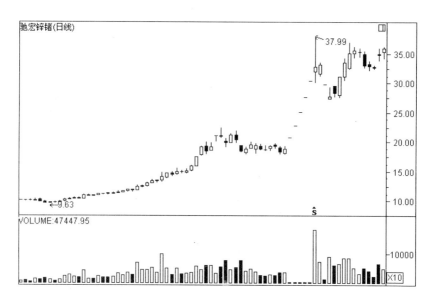

图1.13

(000807)、驰宏锌锗(600497)（图1.12—图1.13）。

2.大多数黑马股在前期熊市中往往跌幅较大，有的跌幅达到50%甚至80%。那些在熊市中跌幅过深的个股在反弹中更易获得较大的上涨空间。

如中体产业（600158）、西部材料（002149），在2008年股价下跌超过了80%，但2009年以来股价累计涨幅均超过了200%（图1.14——图1.17）。

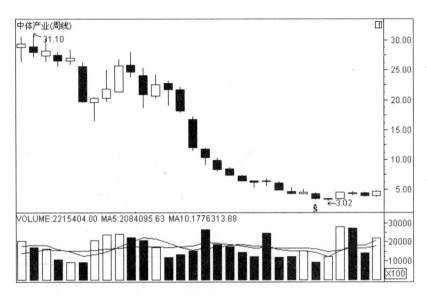

图1.14 中体产业 2008年5月9日至2008年12月5日 周K线走势图

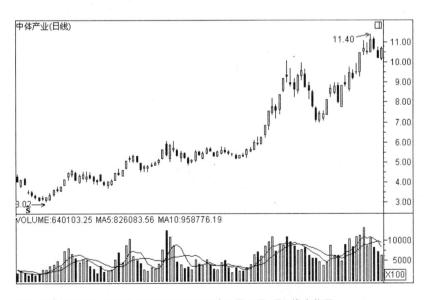

图1.15 中体产业 2008年10月27日至2009年3月26日 日K线走势图

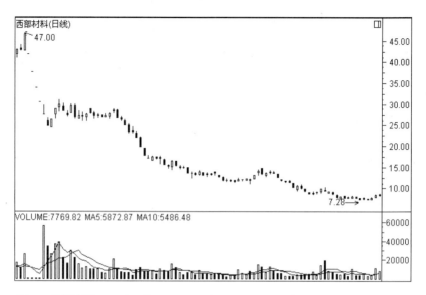

图1.16 西部材料 2008年1月11日至2008年11月11日 日K线走势图

图1.17 西部材料 2008年11月5日至2009年4月21日 日K线走势图

第四节 拥有大资金的主力拉升股价

Section 4

每个参与股市的投资者都希望自己买入的股票能够大幅上涨，避免买入的股票长时间盘整，捕捉到大的涨幅。黑马股之所以出现连续暴涨行情，并不是因为它所代表的上市公司业绩转好，也不是因为国家经济回暖，股价上涨的直接动力是大量资金的买入，是背后拥有大资金的主力机构在拉升股价。

目前市场上大的主力机构主要有：基金公司、券商自营盘、私募基金等。在二级市场上，大多数主力机构都不参与公司的经营，他们买进公司的股票只是为了炒作赚取股票的差价利润。有的机构与上市公司联系，也并不是为了改善公司的经营情况，而是为了与公司管理层或董秘套近乎，第一时间知道公司经营情况和消息面的变化，必要时联合上市公司发布利好利空消息，配合主力炒作。

由于主力机构手握巨额资金，它的进出对股价的涨跌可以产生直接的影响，他就有能力在低价位大量吸纳筹码，达到控盘的目的，这样大部分筹码被锁定，在外流通的筹码就相对较少，只要利用一小部分拉盘资金就可以控制股价的涨跌。而普通投资者由于资金少，在同主力机构的博弈中，始终处于被动地位，只能跟随主力资金来操作，才有可能赚钱，如果一味同主力资金斗，最终是死路一条。

由于主力机构资金量大，俗话说有钱就有权，有权就有势，主力机构由于钱多，有各种各样的背景，信息来的快，可以第一时间知道管理层的意图，所以操纵股价就比较容易。而普通投资者由于资金小，没人理睬，更不要说有什么背景和渠道了，即使有好心人告诉你一个消息，也有可能是假消息，反而害了自己性命。普通投资者由于没有信息来源的渠道，股价涨了，不知道为什么涨，只是听某人说，有主力在拉，快点买吧，晚了就买不到了；股价跌了，也不知道为什么跌，只是听说主力出货了，那还待着干啥，主力都出了咱也跑吧。

当一只股票上涨时，普通投资者就会受到贪婪心理的驱使，盲目追高，以为股价涨了还会涨，当一只股票下跌时，他们不知道为什么跌。主力资金在拉升一只股票时，中间不断伴随洗盘操作，普通投资者由于不知道股价为什么跌，害怕股价再继续下跌，通常会卖出股票，但当你卖出后，股价不仅没有跌，反而继续大幅上涨，此时你不得不再次花高价买回股票，等你花高价买回股票后，股价可能真的下跌了，这样一来二去自己就出现亏损了。

我们通过对多只股票的分析，发现大幅上涨的黑马股在启动之前，都有一段较长时间的盘整，长时间的盘整说明有主力机构在低价位慢慢吸筹，进行大规模的建仓，只有主力依靠资金实力收集了绝大多数流通筹码后达到有效控盘，一旦时机成熟，主力机构才会大幅拉升股价，该股才有可能成为黑马股。

1.图1.18是双钱股份（600623）2009年3月11日至8月26日的日K线走势图，公司主营业务汽车轮胎的生产和销售，双钱股份作为

图1.18 双钱股份 2009年3月11日至8月26日 日K线走势图

主营轮胎业务的上市公司，产品规格较为齐全，随着产能的不断扩张和市场的拓展，业绩增长预期明显。

通过图中可以看到，该股启动前股价在5至8元一带长时间盘整，换手率达200%以上，主力控盘度较高，当股价突破盘整区域后，连续大幅拉升股价，中间几乎没什么像样的调整，可以看出主力机构资金实力雄厚。

2.图1.19是维维股份（600300）2008年11月18日至2009年4月17日的日K线走势图，公司是我国最大的豆奶企业之一，其"维维"牌豆奶粉成为我国畅销商品之一，连续十多年名列市场占有率第一。公司所处行业为食品饮料行业，其主产品为豆奶粉及乳品饮料，是国家鼓励和支持发展的产业，此外公司持有江苏双沟酒业股份有限公司38.27%的股权，以近四亿元价格转让，获得投资收益。

该股主力控制股价在3.6元至6元一带经过长时间盘整吸筹后，展开一波回调，随着调整的时间拉长成交量越来越小，当浮动筹码被有效清理后，股价突然放量启动，连续拉升，显示主力机构资金实力强大，股价沿5日均线震荡盘升，总体涨幅达100%以上。

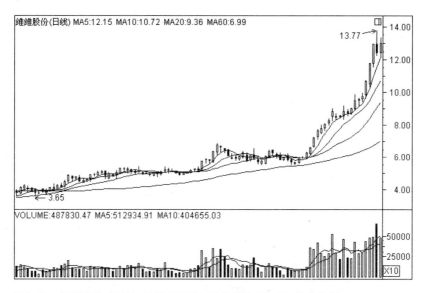

图1.19　维维股份　2008年11月18日至2009年4月17日　日K线走势图

第五节 大势背景转好人气活跃

Section 5

由于上市公司盈利的不确定性，长期投资一只股票有可能血本无归，无论是大资金还是小资金，买卖股票都以投机的思想来操作，赚取股票波动的差价，股价太高了，投资者有恐高心理，不敢买进，所以它的上涨空间是有限的；主力机构买进一只股票，并不是为了长期投资这只股票分红，而是为了借助大盘上涨的机会把股价炒上去，从而赚取股票的差价，达到盈利的目的。

一旦大盘见顶，盈利的目的达到，主力机构就会抛售股票，而大部分投资者也会跟风操作，追涨杀跌，由于大量股票短时间内供大于求，卖出的人多，买进的人少，股价就会狂泻，在高位没有来得及卖出股票的投资者就会被套牢。

在中国股市，大多数股票都是随大盘涨跌而涨跌的，当大盘上涨时，人气被激活，买入的人多，主力机构顺势拉升，大部分股票就会上涨；当大盘下跌时，人气涣散，卖出的人多，主力机构就会卖出股票，假如主力不卖的话，大量散户卖出股票，主力没有那么多资金在高位护盘，就会发生亏损，有被套的风险；假如主力机构先把股价打下来，被套在上面的散户就不会卖出股票，不会与主力争着出货，主力就可以有机会卖出股票，或做防御性操作也比较节省资金。所以当大盘下跌时，大部分股票也跟着下跌，很少有哪个股票与大盘走势相背离。

如果大盘走势处于下跌趋势，某一只股票却独来独往，不顾大盘的走势不断上涨，投资者千万不要被表象所迷惑，轻易介入。大盘走势不好的情况下，任何股票都可能会下跌，个股随时有下跌的风险，不要看它一直涨得很好，说不准什么时间它就有可能暴跌。假如你轻大盘重个股而买入的话，股价一跌就会被套牢。

基于个股与大盘走势相吻合的这种规律，主力机构在大势背景不好时，普通投资者都卖出股票的时机开始进场吸纳廉价筹码，等待大盘走好时再借机拉升股价，所以许多走势强劲的黑马股也多出现于大盘走好时机。由于大势背景良好，人们的买入热情高涨，股价回调后还会再创新高，这种认识深入人心，不管股价多高，投资者都敢买入，主力机构也趁机大幅拉高股价，吸引投资者追高买入，同时由于买入的人多，主力出货也相对容易。

当大盘指数上升时，个股也跟着涨，形成普涨局面，人气急升，场外大量资金都想趁机进场，这时主力机构只用少量资金启动股价，就可以吸引大量资金杀入该股，把股价拉高。所以作为普通投资者来说，大势背景的判断是至关重要的，如果投资者能在大势背景不好的情况下，买入价值被严重低估的股票，持股待涨，待大盘走好时将会获得丰厚的收益。

2001年至2005年，股市经历四年熊市，个股也都跌的面目全非，大多数主力机构被套其中，同时普通投资者高位被套的也不计其数，当股指跌到998点时股市见底回升，开始走上涨的道路，由于股价跌幅较大，上涨空间被打开，股价向下的空间被封死，投资者纷纷介入股市，个股有了做多的动力，机构投资者也趁机建仓，

图1.20 上证指数 2004年至2009年 月K线走势图

2005年股改行情拉开了股市上涨的序幕。

2006年有色金属行情带动大盘不断创新高，个股跟着上涨，在这一段时期大幅上涨的黑马股频出，如：株冶集团、驰宏锌锗、锌业股份等。

在股市大幅上涨的背景下投资者大多赚钱，在当时只要能开户买股票就能赚钱，成为所有人的共识。在巨大的赚钱效应下，场外投资者不断进场，随着进入股市的资金不断增多，股市不断创新高，最高时达到6124点。

然而酷热之后必有寒冬，股市的疯狂令管理层担忧，由于股市上涨，人们将大量资金从银行挪到股市，甚至大量借贷投资，造成巨大的金融风险，管理层开始发布利空政策打压股市，由于前期获利盘巨大，稍有风吹草动，他们就会一哄而散。当大量资金开始撤离股市，顷刻之间造成股市狂泻，步入漫漫熊市，个股也跟着跌，加上金融危机的影响因素，股指由最高点6124点下跌至1640点才止跌（图1.20）。

2008年股市的狂跌，造成A股市场大多数个股跌幅达70%以上，当初在股指高位介入的投资者亏损惨重，个股都跌出较大的空间，此时投资价值也显现出来，大多数个股在3、4元左右。经济的持续低迷对国家的发展是极为不利的，在国家投资拉动内需的刺激下，股市率先开始见底回升，个股也趁机开始拉升，又一轮新的上涨行情拉开序幕。

第六节　形态走势形成上涨趋势

Section 6

投资者在决定买入哪一只股票之前，大多会从这个股票的形态走势入手，看看这只股票的空间位置，走势形态，能不能上涨，从而决定是否买入。同样，主力机构操作一只股票也要参考这只股票的走势形态，通过判断股票的形态走势和成交量的变化，来决定操作时机。

主力机构一旦确定坐庄目标，就要对目标股的筹码进行收集，主力实现坐庄的前提条件，是对股票低位流通筹码的有效控制，主力只有在低位控制大量的流通筹码，才能有效控制股价的波动方向，达到拉高出货的盈利目的。

由于主力机构将股价控制在一个较低的价位，反复震荡波动，K线形态则表现为盘整走势，每日成交量很小，股价波动没有明显的方向，此时由于主力刚开始介入，K线走势上没有明显的特征。

股价由于跌幅较大，套牢的投资者惜售，有的就干脆拿着不抛了，任其跌到什么位置，心想总有涨回来的一天，随着割肉盘的变少，成交量越来越小，股价已没有杀跌动力，出现止跌迹象。由于主力的入场，成交变的活跃，成交量偶尔一两天放大，但随后又恢复沉寂，股价大部分时间在一个狭窄区域内震荡盘整，K线组合上是小阳小阴盘整状态，股价走势有气无力。

当股价经过长时间低位震荡后，主力吸筹任务完成的差不多了，主力则会选择合适的时机拉升股价，同时还要通过盘面来感受跟风盘和抛盘的大小，也就是我们常说的拉升前的试盘动作，主力通过试盘来决定下一步的操作。

主力拉升前有必要洗出低位跟风盘，使普通投资者的成本比自己高，主力洗盘的目的即是把在低位跟进的持股者清理出局，同时让新资金进场，通过换手抬高普通投资者的持股成本，以减轻拉升过程中的抛压。在洗盘过程中，操盘手通常会对技术图形进行破坏，或大幅震荡，或放量下跌，或急速冲高回落，以及大单压盘等各种手段，来达到洗盘的目的。

洗盘阶段伴随成交量的逐渐缩小，卖盘越来越少，主力继续砸盘子，已没有多大意义，同时还有丢失筹码的风险。大多数黑马股在股价启动之前，成交量往往出现大幅度萎缩迹象，随着洗盘阶段进入尾声，某一天股价突然大幅上涨，同时成交量也跟着放大，股价出现上涨迹象，形成价升量增的走势，均线系统开始转好，呈现向上发散迹象，此时股价就要开始启动了。

由于股价经过长时间的震荡盘整，散户是经不住这么折磨的，大多数散户看到股价长时间不涨，大多会卖出股票，散户卖出的股票，则大部分进了主力机构的账户，大量筹码被主力机构吸纳，短期内成为不流动的筹码，在外流通的散户筹码只有一小部分，如果拉升时机成熟，主力用很少一部分资金就可以大幅拉升股价，由于在外流通盘小，所以股价上涨的阻力就小，加上一部分短线跟风资金追涨，从侧面也帮助了主力拉升股价，所以长期盘整的股票一旦上涨，往往会爆发出大行情。

在实战操作中，我们经常发现一些个股长时间在低位盘整，大盘涨它不涨，但突然有一天，它涨停了，成交量同时伴随放大，随后的几天股价不断创新高，一匹黑马由此诞生。尤其是有基本面配合，有炒作题材的个股，一旦突破盘整平台，往往会走出暴涨行情，在突破底部区域时，K线走势上往往是连续小阳线，然后逐渐爆发出大阳线，形成上涨趋势后，迅速成长为一只黑马股。

图1.21 天业股份 2009年1月8日至7月8日 日K线走势图

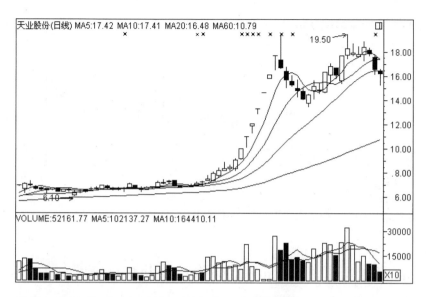

图1.22 天业股份 2009年5月11日至9月21日 日K线走势图

1.图1.21是天业股份（600807）2009年1月8日至7月8日的日K线走势图。该股在低位区域经过长时间震荡盘升后，成交量突然放大，突破长期以来的盘整平台，均线系统走好，上涨趋势形成，随后连续几日股价不断创新高，走出爆发行情（图1.22）。

2.图1.23是中孚实业（600595）2009年3月4日至7月16日的日K线走势图，该股在7元至11元一带长期震荡盘整，股价涨涨跌跌，看似无庄，然而随着股价盘整的幅度越来越小，均线系统开始走好，趋势形成涨升趋势。2009年7月15日该股放量创新高，突破盘整区域，随后爆发出连续大涨行情（图1.24）。

图1.23 中孚实业 2009年3月4日至7月16日 日K线走势图

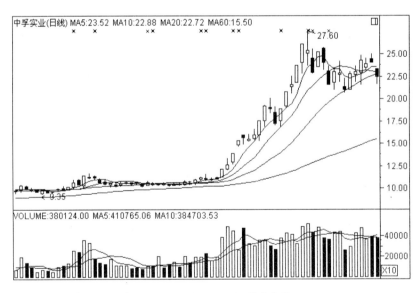

图1.24 中孚实业 2009年5月18日至8月25日 日K线走势图

第二章

Chapter 2

黑马股技术特征

第一节 成交量突然放大

Section 1

虽然技术分析的指标多达上百种，但归根结底无非围绕价格和成交量这两个指标的变异或延伸。

一般来说，当主力尚未真正拉抬股价时，股价的表现往往很沉闷，成交量的变化较小，此时并不好判断主力的真正意图。当时机成熟主力开始拉升股价时，一旦股价脱离底部区域，向上突破并且成交量伴随放大，主力的真正意图就会暴露出来，此时研究成交量和股价的走势形态就非常重要了。投资者如果能准确判断主力将要拉升股价，并果断介入，往往能在短时间内获得丰厚利润。同样，如果股价经过大幅拉升后，股价在高位出现放量迹象，投资者应引起足够的警惕，当股价出现见顶信号，应及时获利了结。

价格和成交量在K线分析中是两个重要的组成因素，K线形态的变化，是以股价和成交量的变化为基础的，成交量的分析是研究K线形态的重要辅助手段。

绝大多数的黑马股在底部横盘时期的成交量均会大幅萎缩，在成交量指标上会形成均量线长期拉平的情形，犹如用细线穿起了一串珍珠。当股价开始启动时，由于主力要承接大量的获利盘，同时主力要不断主动性向上买进股价，表现在盘面上就是当股价突破盘整平台时，成交量突然放大，明显比前几日成交量大几倍。

1.界龙实业(600836)受迪斯尼落户上海的消息影响，国内股市围绕上海迪斯尼概念，引发一轮新的投资热潮，以界龙实业为代表的上海本地股出现大幅上涨行情。

界龙实业股价启动前，成交量一直很小，换手率每日维持在1%至3%左右，当股价启动后，成交量迅速放大，股价放量突破底部盘整区域，连续涨停（图2.1）。

2.图2.2是熊猫烟花（600599）的日K线走势图。该股在11元左右缩量调整后，于12元开始启动，成交量迅速放大，股价随后几

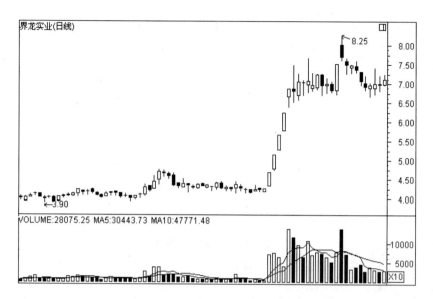

图2.1

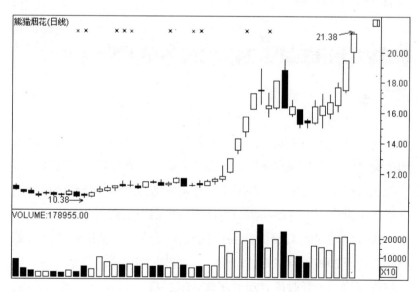

图2.2

天不断创新高，该股受国庆利好因素影响，受到资金追捧，经过一波拉升回调后，股价再次受到资金爆炒放量拉升。

　　3.图2.3是安徽水利（600502）的日K线走势图。该股启动前

在6元一带长时间盘整，启动前成交量明显萎缩，当2009年6月30日
股价突破盘整区域时，成交量迅速放大，随后几个交易日股价不断
放量上涨。

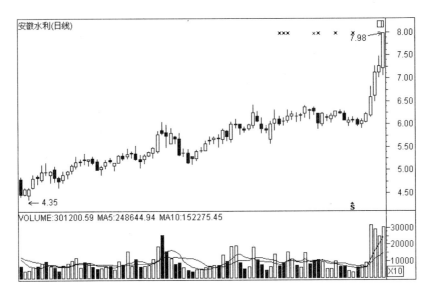

图2.3

4.老白干酒（600559）公司主要生产衡水牌白酒，是我国著名
的历史名酒，同时被商务部认定为第一批中华老字号，具有较强的
品牌优势和市场竞争力。2007年公司衡水老白干酒扩建改造项目已
陆续建成投产，主打商品酒的生产能力更上一层楼。

该股启动前在12元一带长时间震荡盘整，盘整期间成交量萎
缩，股价于2009年7月7日放量拉升，突破长期以来的盘整区域，连
续三天涨停，拉开股价启动的序幕（图2.4）。

图2.4

第二节 走势形态向上突破

Section 2

　　绝大多数的黑马股在启动之前都有一段较长的吸筹期，时间短的几个月，有些个股甚至更长；表现在K线形态上，就是股价在一个狭窄的区域长时间的横盘震荡，一旦拉升时机成熟，股价就会强势向上突破，同时成交量放大。

　　主力机构一旦确定坐庄目标，就要对目标股的筹码进行收集，主力实现坐庄的前提条件，是对股票低位流通筹码的有效控制，主力只有在低位控制大量的流通筹码，才能有效控制股价的波动方向，达到拉高出货的目的。

　　主力机构调动巨额资金坐庄一只股票，不可避免会对目标股的走势产生影响，主力为了获利，必须要在低位大量吃进筹码，达到有效控盘，表现在盘面上就是股价受到支撑，长时间小幅震荡。主力要想顺利完成坐庄计划，套现资金必须要在高位抛出手中的筹码，此时成交量就会连续放大，显示资金出逃的迹象，因此主力巨额资金进出一只个股要想不在盘面留下痕迹是十分困难的。

主力一般选择在大势不好的情况下进场吸筹，个股一旦有主力资金介入，多空力量必然会发生变化，股价会在主力主动性买盘推动下，不知不觉慢慢走高。主力建仓一般是悄悄进行的，有计划地控制股价在一个价格区域内波动，当股价经过一段缓慢拉升之后，主力通常会以少量筹码将股价再次打压下来，迫使持股不坚定的投资者卖出手中的股票，同时主力可以在较低的价格继续建仓，如此反复，直到主力吸够筹码为止，在K线图上就形成底部K线形态。

一旦时机成熟，主力就会开始拉升股价，盘口上就会不断有大单向上吃货，股价不断在盘中创出新高，重要的压力位被轻松击破，K线在形态上呈向上突破状，成交量同时伴随放大，均线系统呈向上发散状态，投资者发现这种走势机会应及时把握，通常是最佳的买入机会。

1. 双钱股份（600623）公司主营业务汽车轮胎的生产和销售，双钱股份作为主营轮胎业务的上市公司，产品规格较为齐全，随着产能的不断扩张和市场的拓展，业绩增长预期明显；同时公司公告将高价转让所持的上海米其林回力轮胎28.49%的股权，受此影响股价被主力机构趁机拉升。

该股启动前股价在6元至8元的区间震荡盘整，在盘整期间股价每日涨跌不大，成交量萎缩，主力吸筹充分，浮动筹码被有效清理后，股价开始放量上涨，于2009年8月12日股价放量突破长期的盘整区域，随后股价经过几个交易日的震荡调整后不断创新高，此时各种技术指标也转好，趋势形成向上突破，随后几个交易日股价连续涨停（图2.5）。

2. 安徽水利（600502）公司主营业务为水利工程和房地产开发，安徽是我国水利投资第二大省，公司地处长江、淮河两大河流之间，具有得天独厚的水利资源优势，已成为安徽省水利系统和建设的龙头企业。

该股启动前股价在6元一带经过长时间盘整，主力控盘迹象明

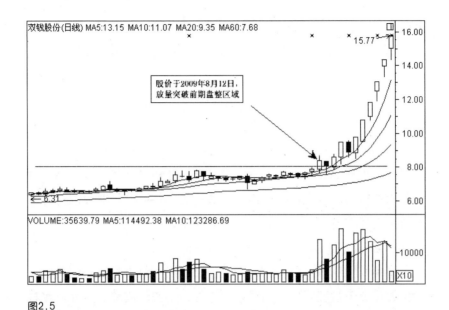

图2.5

显，股价于2009年6月30日向上突破长期以来的盘整区域，放量创新高，此时股价形成上涨趋势，是投资者介入的最佳区域。

当股价运行到9元附近时，受获利盘抛售影响，股价展开短时

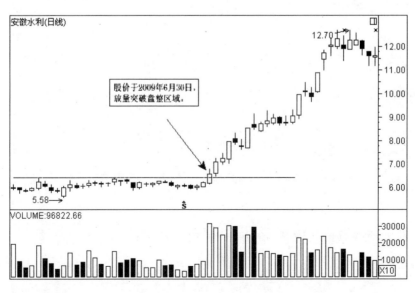

图2.6

间强势调整，随后再次拉升至12.7元，股价冲到12元以上后涨势明显消退，经过几个交易日的震荡后，股价呈现见顶迹象，整体涨幅达100%（图2.6）。

3.天业股份（600807）公司地处济南市，属小盘地产股，在天业地产的"绣水如意"项目资产整体注入公司之后，公司的主营业务向盈利能力较强的"房地产＋商业"转型。公司借助控股股东在山东地产界的品牌、人才、资金及其开发经验等优势，通过品牌建设、人性化的产品设计、严格的品质控制、优秀的物业管理，房地产业务已经取得了快速发展，品牌影响力日益增强，为公司打造区域地产蓝筹战略规划的实施奠定了良好的基础。

图中该股启动前股价在6.3元至7.5元区间经过长时间调整后，股价放量突破盘整区域，均线系统走好，趋势形成涨升趋势，此时是投资者买入的最佳位置，受收购澳洲金矿消息影响股价开始快速上涨，随后在消息面的配合下，主力机构大幅拉升股价，以连续涨停方式完成拉升段（图2.7）。

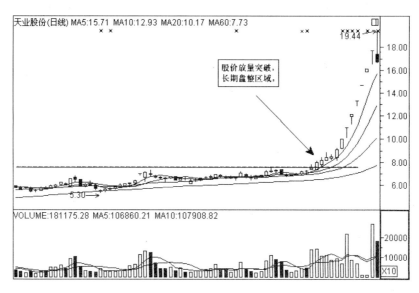

图2.7

第三节 均线形成多头排列

Section 3

均线系统在趋势研判当中，是一个简单直观的分析指标，通过观察均线的走势，可以直观明了地分析出股价的趋势和运行方向。黑马股启动前，股价大多在一个狭窄的区间震荡波动，均线缠绕在一起呈绞着状态，由于股价一直处于盘整走势，均线几乎走平，通过长时间运行，随着股价重心不断抬高，均线开始呈向上发散状态，当股价放量启动时，由于股价短时间内上涨过快，5日、10日均线开始向上俏头，其他均线变化不大，当股价继续上涨后，均线呈多头排列状态，股价上行趋势明显。

趋势的研判是股票操作中的重中之重，是操作股票的前提条件，投资者只有在外部环境适合自己的操作条件时，才能入场操作。实盘操作中普通投资者往往容易忽视趋势的存在，导致频繁操作、追涨杀跌，盲目抄底被套。

在K线图中，我们可以直观的研判股票的趋势，投资者以五日均线作为趋势的研判指标也可以，或者将股价波动的低点相连，即成升势线，在升势图中，交易量随股价的上涨而增加，下调阶段，交易量减少，升势中每个波动的最高点较上个波动高，最低点也较上一最低点高，趋势的分析可应用于个股和大盘。

均线指标是移动平均线指标的简称，由于该指标是反映价格运行趋势的重要指标，其运行趋势一旦形成，将在一段时间内继续保持。以N天内的收盘价取算术平均值，而连结的曲线就是均线，在股票分析软件的走势图中，有5日、10日、20日、60日均线，分别以MA5、MA10、MA20、MA60标示。

均线的走势特点大概分为多头排列和空头排列，多头排列就是股价走势强劲，继续上涨的概率大，均线的排列次序由上而下依次为5-10-20-60日均线（图2.8）；空头排列就是股价的走势处于下跌趋势，后市继续下跌的概率较大，均线在排列次序由上而下依次为60—20—10—5日均线。

应用均线系统是帮助投资者直观明了的分析股价的走势，从而寻找最佳的买卖点，以及股价将要启动的信号。均线系统是大多数投资者常用的技术分析工具，但相比价格和成交量的变化是滞后的，因此投资者在实盘操作中，应以股价走势和成交量变化为主要分析依据，均线分析作为辅助手段，从而提高股票操作的成功率。

1.中孚实业（600595）公司主营业务为电解铝的生产和销售，中孚实业在2008年11月份宣布收购林丰铝电100%股权。

该股启动前，均线系统呈胶着状，股价于12元开始启动后，随着股价不断上涨，均线系统开始走好，呈多头排列状态，强势特征明显（图2.8）。

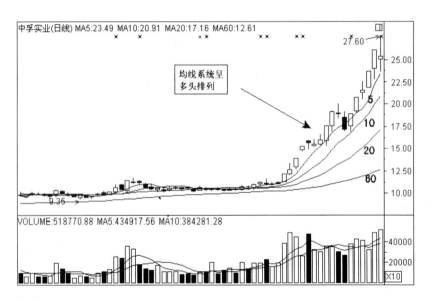

图2.8

2.株冶集团（600961）公司是中国最大的锌及锌合金生产、出口基地之一，也是亚洲最大的湿法炼锌的企业之一，公司目前采用全球成熟、先进的湿法炼锌技术，生产基本实现了集上位机、现场仪表、测控设备于一体的过程自动化。

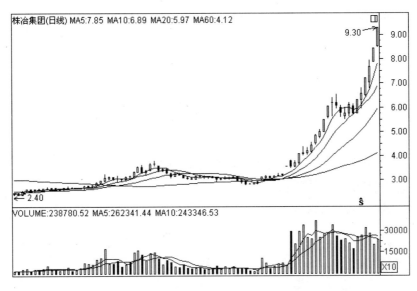

图2.9

2006年该股受有色金属价格上涨行情带动，业线大幅提升，股价受主力资金拉抬，于3.5元开始启动，伴随股价不断上涨，均线系统呈多头排列（图2.9）。

3.云铝股份（000807）公司是中国最具竞争力的原铝生产企业之一，而且积极向上游铝土矿和下游深加工领域扩张，成为产业一体化公司，公司地处有色金属王国云南，生产规模居全国铝行业前列，是国家重点扶持的14家企业之一，公司现在控制的铝冶炼产能已经达到40万吨，产量在全国铝厂中处于前三强地位。随着全球性经济复苏的逐步到来，下游需求如建筑、电力、交通等行业的回暖将会刺激电解铝的需求，从而对股票价格回升起到支撑作用。

该股股价启动前，均线系统一直在低位徘徊，2009年7月15日股价放量突破盘整区域，主力机构开始大幅拉升股价，随着股价不断创出新高，均线呈多头排列状态（图2.10）。

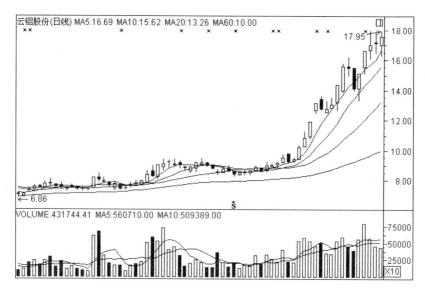

图2.10

第四节 周K线形成涨升趋势

Section 4

　　在实际操作中，大多数投资者只侧重于对日K线走势方面的分析，但在周K线方面，却不十分重视。实际上，主力机构由于资金量大，他的买卖可以直接影响股价的涨跌，主力可以人为控制一只股票的日K线走势，所以极易出现技术性骗线；而周K线由于分析周期比日K线长，反映的是中长期的股票走势状况，主力在周K线上不容易做骗线，周K线的运行状态可以真实的反映股价的运行趋势。因此，投资者如果能够将日K线的分析和周K线的走势相结合，则对分析股票的走势效果会更好。

　　主力机构由于资金实力强大，他可以人为控制股价一两天的涨跌，比如他想拉升前故意打压股价，恐吓出短线客，而普通投资者不明白主力的真正意图，往往被主力机构吓出来而失去后面股价大幅上涨的利润。在实战操作当中，我们经常遇到股价启动前，跌破前期盘整平台，然而过不了多久股价又涨上来了，反而轻松突破前期调整的高点，这通常是主力拉升前设置的技术陷阱。

投资者如果在操作中分析一下周K线的走势，也许就不会轻易上当了，主力虽然可以控制股价短期内的走势，但中长期的趋势主力是很难控制的，尤其从周线上观察，底部出了大量的个股，隔不了多久都会爆发出大行情，如果加上具备诱人的题材，比如资产重组、高送配等，其爆发性就更大，投资者在选股过程中最好周线和日线结合看，你就会发觉选黑马股就是这么简单。

在实际操作中，对于买入时机的把握首先要分析周K线是否安全，股价是否处在底部区域，然后再分析日K线的组合和量价关系配合是否合理，最后才能在适当的时机选择最佳的买入点位。一般而言，将二者结合起来指导实际操作可以避免很多失误。如果仅仅依靠日K线的组合来判断短线的操作方向，难免会面临较多的不确定性风险，同时也容易形成追涨杀跌的习惯。由于投资者在操作中忽略周K线的分析容易在强势的行情中过早抛掉手中的获利筹码，而在弱市行情中如果忽略周K线的走势，则买入时机难以掌握，十分容易被套。

有些投资者喜欢看指标的强弱炒股，日线指标处于低位并不能有效说明什么，主力依靠资金实力可以比较轻松地将日线指标尤其是广大投资者都熟悉的技术指标如KDJ、MACD等指标做到低位，只有周线指标与日线指标同时处于低位，该股才真正具备黑马股的潜在素质。

1.图2.11是中孚实业（600595）的周K线走势图，公司的主营业务为电解铝的生产和销售。

股价经过前期下跌后，于4.75元止跌，通过周K线观察，股价在5元至10元一带震荡盘整时间达半年之久，均线系统呈胶着状态，盘整期间成交量时大时小，随着时间的推移，股价重心不断上移，周K线形成涨升趋势，2009年7月15日股价放量突破长期以来的盘整区域，不断放量创新高。

2.图2.12是天业股份（600807）的周K线走势图，前面我们提到过该股，该股是小盘地产股，受注入黄金资产的利好消息以及重

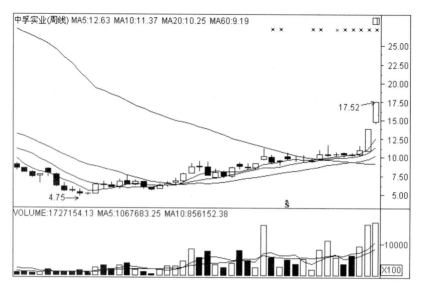

图2.11

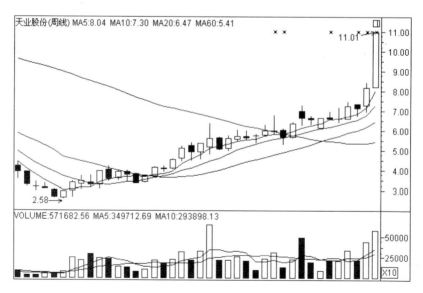

图2.12

组信息的发布影响，股价暴涨。

该股股价于2.58元止跌后，震荡盘升，周K线呈上涨趋势，股价重心不断上移，股价在3元至7元的区域震荡盘整时间长达半年，经过长时间震荡盘整后，于2009年7月1日放量突破长期盘整区域，拉开股价暴涨的序幕。

3.图2.13是熊猫烟花（600599）的周K线走势图，公司前身是浏阳花炮，浏阳是世界烟花的发源地，也是世界上最大的花炮产销基地。虽然公司半年报0.11元的每股收益，不足以支撑股价继续大幅上涨，但作为"国庆概念第一股"熊猫烟花遭到资金的疯狂暴炒。

该股经过2008年大跌后，于5.41元见底回升，周K线图上看该股走出两波震荡盘升走势，第二波成交量明显萎缩，在经过长达七个月的震荡盘整后，该股于2009年7月29日放量突破，周K线呈盘升走势，此后该股遭到主力资金的疯狂暴炒。

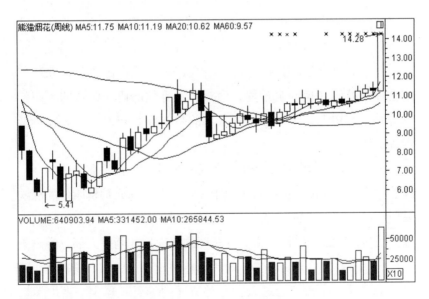

图2.13

第五节 筹码分布呈向上发散

Section 5

现在的行情软件基本上都有移动筹码分布的功能，读者可以在自己的软件上调出筹码分析功能，由于软件设计思想的不同，各软件的移动筹码表现形式有稍微差异，但大同小异。

进入移动成本分布状态后，在日K线图的右侧显示若干倒立的山峰状的筹码分布图，我们称之为筹码峰，在当前股价上方堆积的筹码为套牢盘，当前股价下方的筹码为获利盘，在不同的看盘软件上，用不同的颜色分别表示，这里不做表述。筹码峰是由若干根长短不一的水平线组成，线条的高度代表价格，线条的横向长度表示该价位的持仓筹码在这一价位的密集度大小。主力坐庄的过程就是将低位的筹码搬到高位，然后卖给散户，自己抽身，实现盈利的过程。

在日K线图上，随着十字光标的移动，在K线图的右侧，筹码峰的长短也会相应随之发生变化，指示不同时期不同价位的筹码分布状况。筹码峰的长度表示在这个价位筹码的密集度大小，通过移动筹码分布功能，我们可以直观的查看各价位的成本分布情况。

通过对股票筹码分布的动态研究，可以透视出股票上涨和下跌过程中筹码转换的全过程，使投资者有效的研判股票的不同价位筹码分布情况，并以此结合股票的基本面和技术面指导投资者实战操作。

在一轮完整行情的走势中，包括筹码的低位换手和筹码的高位换手，这一阶段读者可结合主力坐庄过程，来深入理解股价的涨跌原理。主力在股价的相对低位，通过长时间的震荡盘整，来达到吸筹的目的，在这一阶段，筹码分布图的表现形式则是大部分筹码集中在一个相对的价格区域内，筹码峰相对较长，由于个股的流通筹码是一定的，主力持仓越大，在外流通的筹码就越少，供求关系就会发生变化，我们可以看到主力在大量囤货，等待好的价格再卖出。

主力吸货充足后，通过各种手段拉高股价，达到主力的预期目标，有利可图，此时主力则会把在低位大量吸纳的筹码再卖出，实现利润。这一阶段由于主力通过较长时间在一个相对高位区域卖出股票，随着主力大量的卖出股票，在筹码分布图中则表现为筹码大量堆积在股价的相对高位。随着主力筹码的派发完毕实现高位换手，股价将进入下跌阶段，完成一轮循环。

由于股票的涨跌受到多方面的影响，主力操盘也是受多方面的制约，主力运作过程并不完全都是一个模式，所以在筹码分布上也不是一成不变的规律，读者在理解筹码分布图的形成原理基础上，还要灵活应变，筹码分布只是一个辅助看盘的手段而已，读者在实战操作中要分清主次，结合大势和个股基本面、技术面来操作。

在我以前著的《连续飙升的背后》一书中对筹码分布有详细的介绍。本章重点介绍黑马股在拉升过程中和拉升末期筹码的变化情况，以供读者参考。

1.神马实业（600810）公司拥有亚洲第一、世界第二的尼龙工业丝(布)生产基地，具备10万吨的尼龙66纺丝生产能力，公司的帘子布生产规模和市场占有率在世界上仅次于美国杜邦，是我国极少数具有全球核心竞争优势的企业。公司还具备军工题材占据我国军需市场很大份额，"神舟"五号、六号降落伞骨架材料就是由神马特品工业丝制造。

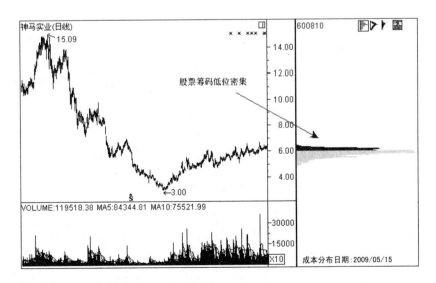

图2.14

图中该股由15元跌到3元后，股价止跌回升，成交量开始放大，有主力机构介入迹象，由于主力机构控制股价在低位长时间盘整，大多数投资者受不了这种煎熬，大多会选择卖出股票，主力则在下面承接股票，随着时间的推移，股价就会集中在一个区间，呈现低位筹码密集的状态（图2.14）。

2.当时机成熟，主力开始拉升股价，随着股价的上涨，在低位介入的资金就会卖出股票获利，股票就会由低价位转到高价位，被新进入的投资者买入，股票的筹码就会上移呈向上发散状态（图2.15）。

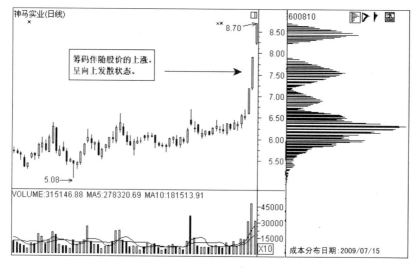

图2.15

3.当股价上涨的过程中，低位筹码减少的速度越慢越好，因为低位的筹码大多数是主力机构的，如果股价涨了，低位筹码还没有卖出，说明股价还没有到达主力的目标位置，股价还有上涨空间，投资者可以不必急于卖出股票，可以跟随股价的不断上涨扩大盈利。

如果股价在上涨过程中，低位的筹码迅速上移，说明股票筹码

比较松动，主力没有大幅拉高股价的意愿，投资者在操作中要随时
注意股价的下跌风险（图2.16）。

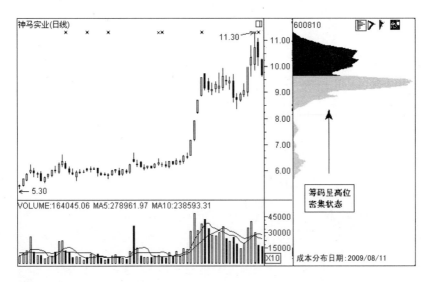

图2.16

第三章

黑马股走势规律

第一节 在低价位区域反复震荡

Section 1

通过对大量黑马股走势分析，黑马股在启动前大多经过长时间的吸筹，股价在低价位区域长时间震荡盘整，当主力机构吸纳了绝大部分流通筹码后，达到有效控盘，才能控制股价的波动方向。主力在吸筹期间，将股价压制在一个狭窄的空间，反复震荡盘整，迫使持股不坚定的投资者抛出筹码。主力机构通过基本面分析和公司调研后一旦确定坐庄目标，就要对目标股的筹码进行收集，主力只有在低位控制大量的流通筹码，才能有效控制股价的波动方向，股价才有向上暴发的动力，才有可能成为日后的黑马股。

在熊市末期，股市经过长时间的下跌，随着恐慌性卖盘的抛出，做空动能慢慢减弱，股票价格跌到极低的位置，此时股市就失去了融资的功能，新股不能发行，同时对经济的运行也产生负面影响。这种情况下国家就会出台利好政策，刺激股市上涨，随着市场开始回暖，主力机构开始进场建仓，由于股价跌幅过大，一部分投资者不想割肉卖出股票，所以主力在最低价位只能吃到一小部分筹码。

主力机构吃不到筹码，达不到控盘的能力，就不会往上大幅拉升股价，所以主力机构要想尽各种办法来达到吃筹的目的，主力为了坐庄必须要控制大量的流通筹码。主力机构为了能够吃到比较多的筹码，要利用先期吸纳的筹码打压股价，吓出持股不坚定的投资者，通过反复上涨下跌，折磨散户抛出自己的股票，主力通常借助大盘大跌的机会，主动性抛售几笔大单能够诱使盘中杀跌资金恐慌抛售，主力则趁机吸纳筹码。

主力在吸筹阶段，一般要吸纳目标股流通筹码的60%左右，才能对该股的价格波动进行有效控制，并且要有足够的后续操盘资金，股价才能有较大幅度的拉升空间。每一个黑马股的诞生，都是资金实力强大的主力的杰作，由于主力持仓量较大，他必须要拉升出一个较大的上涨空间，才能顺利完成出货任务。

当大势背景走坏，个股普跌时，普通投资者害怕股价再继续跌，大多会选择卖出股票，形成多杀多的局面，造成股价进一步下跌，股价经过一段时间下跌后，由于跌幅较大，套牢的投资者惜售，有的就干脆拿着不抛了，任其跌到什么位置，心想总有涨回来的一天，随着割肉盘的变少，成交量越来越小，股价已没有杀跌动力，出现止跌迹象。此时，主力开始进场吸纳低位筹码，悄悄地收集低价位筹码，主力挂的单子很小，一般几十手、几百手的小单子接盘，普通投资者极难发现主力在吸货，即使发现有主力在吸货，此时进入也几乎是无利可图，股价涨跌空间不大，这一阶段成交量每日很少，且变化不大，股价大部分时间在一个狭窄区域内震荡盘整，K线组合上是小阳小阴盘整状态，股价走势有气无力。当个股处于底部潜伏期时，其市场表现是不活跃的，该阶段的成交量是低迷的。

股票价格连续砸低后，主力趁机吸纳筹码，由于主力资金在下面接盘，股价会在主力的积极性买盘的推动下，不知不觉慢慢走高。但是这个时候，大盘背景并不稳定，因此主力一般会努力控制股票价格在一个相对固定的区域来回震荡盘整，并形成一个波浪式运行区域，盘中短线资金自以为找到主力破绽，于是跟着高抛低吸，反而被主力机构骗取筹码。如果主力吸筹仓位不够，则会用少量筹码将股价打压下来，一直到建仓完毕才会真正向上突破，这个震荡盘整区域越长，就说明主力吸纳的筹码越多，后期上涨空间也越大，持续时间也越长。

1.维维股份（600300）公司所处的行业为食品饮料行业，其主产品为豆奶粉及乳品饮料，是国家鼓励和支持发展的产业，此外，公司通过竞拍江苏双沟酒业股份有限公司38.27%的股权，成为其第一大股东，进入酿酒行业。

该股股价在3.5元至6.5元区间震荡时间达三个月，股价经过一波试盘拉升后，开始回调，成交量逐步萎缩，说明浮动筹码在减少，由于股价走势不确定，做短线的投资者很容易被套，随着调整时间的推移，成交量越来越小，待浮动筹码被清理后，股价于2009年3月23日突破前期调整的高点展开上攻，成交量伴随放大（图3.1）。

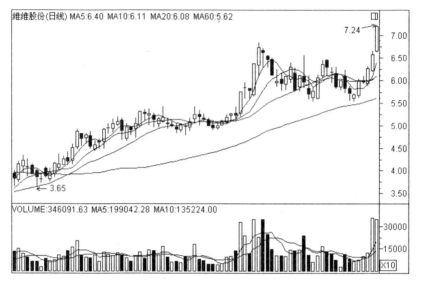

图3.1

2.双钱股份（600623）公司主营业务为汽车轮胎的生产和销售。

股价由4.6元开始震荡上行，股价每日的走势震荡幅度较小，做短线的投资者几乎无利可图，如果在股价拉高时介入，第二天股价就会下跌，股价反反复复使介入其中的散户头晕眼花，只得放弃该股，主力从而达到吸纳筹码的目的，当主力吸筹任务完成后，经过短暂清理盘面，于2009年8月12日放量突破8元的位置，开始大幅拉升股价（图3.2）。

3.海通集团（600537）公司是农业产业化国家重点龙头企业，全国食品制造业企业500强，国内果蔬加工业龙头。公司同意与亿晶光电进行资产置换，根据置换方案，海通集团将拥有亿晶光电100%的股权，而其原有资产和负债都被置出。受此重组消息影

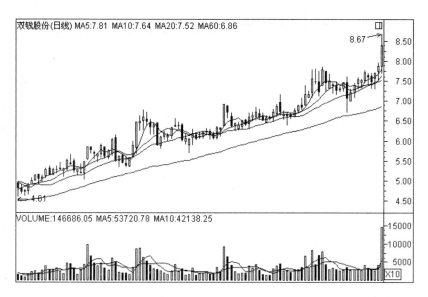

图3.2

响，该股股价大幅飙升，短短半月时间升幅一倍、换手率达86%，短线资金介入十分踊跃。

从图中可以看到，股价在4.2元至6.5元的区间震荡盘整时

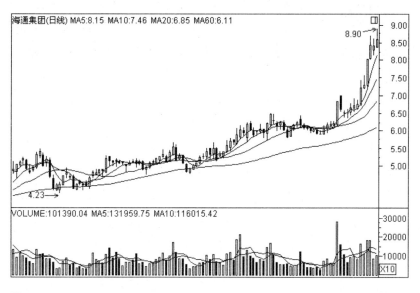

图3.3

间达四个月之久，股价启动前，成交量明显萎缩，2009年7月3日一根放量大阳线突破长期以来的盘整，拉开了股价上涨的序幕（图3.3）。

第二节 以暴发性拉升突破盘局

Section 2

　　黑马股在拉升阶段经常以暴发性走势出现，一旦突破盘整区域，股价通常会拉涨停板，同时成交量也会相应放大。由于主力在低位大量吸筹，大部分股票进了主力手中，在外流通的股票只是一小部分，主力机构迅速拉高股价，一来可以吸引市场投资者的注意，二来在低价位介入的投资者相对较少，如果投资者想买入，只能追高，这样一来就可以帮助主力拉高股价。

　　主力机构在拉高股价时一般都很迅速，在短时间内快速突破重要压力位，因为适合拉高的良机甚少，主力把握机会，一鼓作气将盘口的挂单扫掉，拉高股价，等别人反映过来，股价已涨得很高了。况且，快速拉高易产生暴利效应，容易吸引散户跟风，同时便于主力逢高派发。快速拉高还可打乱市场人士的节奏，令刚刚解套的持股者来不及多想纷纷抛售，令等待回落后再进货者踏空行情，同时能让想买的投资者追高买入。股价到了高位，快速拉高连续大阳线还有逼空作用，激起散户的亢奋情绪，令散户担心再涨而忍不住追高。

　　主力在吸够筹码后经常省略洗盘的阶段，直接启动股价，使大部分投资者踏空行情，等人们都注意到了该股，该股也有了较大的涨幅，再介入的话，风险就相对比较大。主力坐庄过程，经常采用反技术的操作手法，没有一成不变的操作模式，投资者跟庄过程中，还应根据大盘背景、个股基本面、技术面，针对目标股的走势随机应变。

主力拉升股价，是要付出一定的拉抬成本的，比如说印花税和交易佣金，主力为了减少拉抬成本，最大获利，还要选择合适的拉升时机，大部分主力机构会借助大盘的上涨拉升股价，大盘处于强势上涨时人气旺盛，跟风盘较多，投资者不计成本追涨买入股票，主力拉抬容易，只需花费很少的资金就可以拉高股价；当大盘处于弱势阶段，连续拉升的股票很少，因为大盘走势不好，人气不旺，主力拉升付出的成本相当大，并且接盘者很少，高位出货不太顺利。

主力除了动用资金力量拉抬股价外，同时还要借助相关利用好题材，让市场接受股价上升的事实，主力大量的货要在高位卖给普通投资者，如果没有好的题材，散户是不会轻易接盘的，一般出现大幅拉升的股票，往往会伴随相关利好题材出现，等题材明朗了，股价也到高价区了，这就是我们平时所说的，利好兑现是利空。投资者实盘操作中，要分析消息出现的时机和股价的空间位置以及成交量的变化情况，避免落入主力的圈套。

1.云铝股份(000807)公司地处有色金属王国—云南，生产规

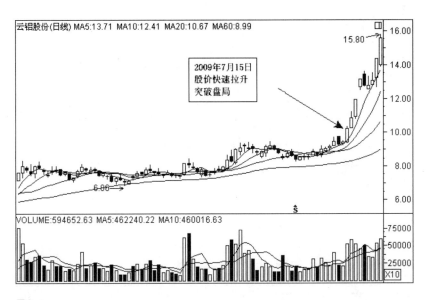

图3.4

模居全国铝行业前列，是国家重点扶持的14家企业之一，公司现在控制的铝冶炼产能已经达到40万吨，产量在全国铝厂中处于前三强地位。

该股主力机构在经过低位长期盘整吸筹后，股价于2009年7月15日放量突破长期盘整区域，连续四个交易日大幅拉升，涨速非常快（图3.4）。

2. 紫金矿业(601899)公司是以黄金为主导产业，集矿产资源勘探、开采和冶炼为一体的综合性矿业生产商。公司拥有的丰富的金、铜、锌等有色金属矿产资源。

该股在5元的区域经过长时间震荡盘整，成交量逐步萎缩，于2009年2月2日跳空高开放量阳线突破盘整区域，拉开股价大幅上涨的序幕，股价不断创新高，成交量在随后的几个交易日不断放大（图3.5）。

3. 万好万家（600576）公司主营业务为房地产投资，连锁酒店投资管理，实业投资管理。公司拟以拥有的除交易性金融资产外的所有上市公司资产及相关负债与天宝矿业持有的若干公司股权进行

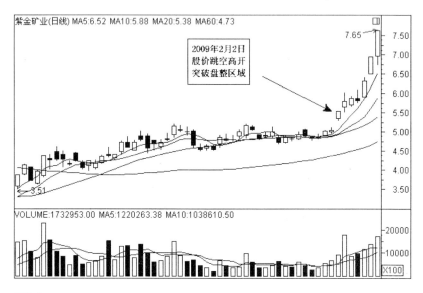

图3.5

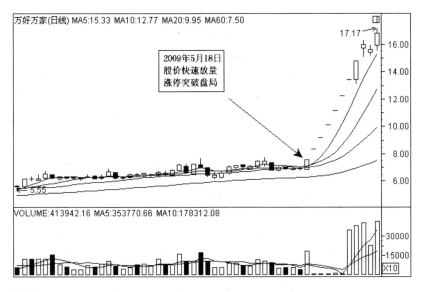

图3.6

资产置换，实施重大资产重组。二级市场上，该股受重组利好消息刺激股价大幅飙升。

该股在5.5元至7元的区域长时间震荡盘整，于2009年5月18日一根放量大阳线，突破长期以来的盘整区域，随后股价受重组消息影响以连续涨停的方式完成拉升段（图3.6）。

第三节 清理跟风盘成交量萎缩

Section 3

在实战操作中，投资者经常遇到一只股票刚开始向上涨，随即又迅速下跌，但此时成交量也随之变小，这种走势通常是主力在拉升前的洗盘动作。也有些股票，明明具有了向上暴发的形态特征，但连续大幅上涨几天后，股价突然下跌，迫使获利盘出局，股价经过调整后，再次大幅拉升。

主力在完成吸筹任务后，通常并不会立即启动股价，主力还要选择合适的拉升时机，同时还要通过盘面来感受跟风盘和抛盘的大小，也就是我们常说的拉升前的试盘动作，主力通过试盘来决定下一步的操作。主力除了通过试盘来感知跟风盘的大小外，主力启动股价前通常还要洗盘，所谓洗盘，顾名思义，是清理在低位跟进的散户，股票市场中不乏有一部分能看懂主力吸筹的投资者和在低位跟进的普通投资者，而主力只允许少部分人跟风，而且跟风资金不能过大，以避免主力在拉升途中，跟风资金出货，造成增加主力的拉抬成本，如果跟风资金过大被主力发觉，主力会使用各种毒辣的手段将其驱逐出局。

主力拉升前有必要洗出低位跟风盘，使普通投资者的成本比自己高，主力洗盘的目的即是把在低位跟进的持股者清理出局，同时让新资金进场，通过换手，抬高普通投资者的持股成本，以减轻拉升过程中的抛压。在洗盘过程中，操盘手通常会对技术图形进行破坏，或大幅震荡，或放量下跌，或急速冲高回落，以及在盘口挂大单压盘等各种手段，恐吓短线投资者卖出股票来达到洗盘的目的。

洗盘阶段伴随成交量逐渐缩小，卖盘越来越少，主力继续砸盘子已没有多大意义，同时还有丢失筹码的风险。在股价启动之前，成交量往往出现大幅度萎缩迹象，随着洗盘阶段进入尾声，股价出现上涨迹象，成交量才开始逐步放大，形成价升量增的走势，均线系统开始转好，呈现向上发散迹象。

在我们炒股实战中，遇到主力洗盘是必然的，主力洗盘末期成交量呈现递减状态，表明持股者心态稳定，浮筹大多已清除，主力大幅拉升即将开始，投资者如能看懂是主力的洗盘末期，且股价有启动迹象，可以在合适的时机，在分时走势中选择低价区域介入，这往往是最佳的介入位置。

1.海王生物（000078）公司是生物技术领域的龙头，致力于医药制造、商业流通和零售连锁的医药类大型综合性企业；公司旗下海王英特龙研发的亚单位流感疫苗是全球第二家、国内首家上市的第三代流感疫苗，拥有生产工艺专利，并且拥有亚洲最大的生产规模。

该股由5元开始放量启动后，当运行到6元时，股价开始回调，成交量萎缩，说明浮筹越来越少，当浮筹被有效清理后，股价再次放量拉升。当股价运行到8元时，股价再次回调，成交量萎缩，经过数日的调整后，股价开始大幅拉升（图3.7）。

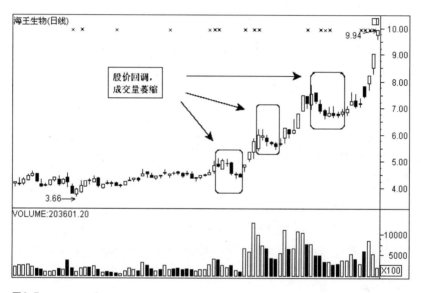

图3.7

2.氯碱化工(600618)公司在行业内具备明显的规模优势，是国内最大的聚氯乙烯(PVC)和烧碱生产厂商，综合实力位列全国氯碱行业之首，具备明显的规模与竞争优势。

该股在6.5元一带长期盘整后，受大盘下跌影响，股价开始大幅下跌，但成交量极度萎缩，说明筹码锁定良好，股价跌到5.32元时止跌，随后股价在成交量萎缩的情况下，经过数日调整，浮动筹码被有效清理，股价开始大幅拉升，放量创新高（图3.8）。

3.新大陆(000997)公司主营业务为电子计算机及其外部设备的制造、销售、租赁；对电子产品行业的投资，电子计算机技术服务，信息服务；公路计算机收费、监控、系统设计、咨询及安装调试，属物联网概念股。

该股在7元一带完成吸筹后，拉升股价，遇到大盘调整，该股

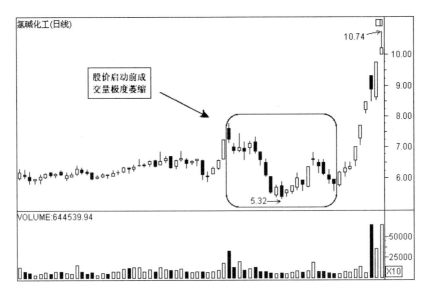

图3.8

股价大幅回落，成交量出现明显萎缩，待跌到前期吸筹的低点7元
附近时，股价止跌，经数日短暂调整后，主力资金配合物联网概念
炒作热情，大幅拉高股价（图3.9）。

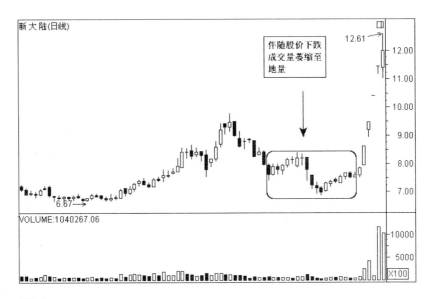

图3.9

第四节 高换手率大成交量出货

Section 4

　　当个股的交易炽热，成交量大得惊人，此时广大的散户已被股价的大幅上涨，激起亢奋的热情，头脑发晕，生怕自己赶不上末班车，失去理性地疯狂买入，此时股价的大幅拉升阶段也就快到头了，主力利用连拉大阳线的走势，吸引跟风盘介入。

　　主力最后加速拉升的末期表现为成交量巨大，换手率较高，而股价出现滞涨迹象，盘中震荡幅度较大，K线组合上以方向不明的震荡形态来迷惑普通投资者，使其对股价的后续走势无法判定，大多数投资者买进后不赚钱是不会走的，有的投资者介入后被套，只要不再让他看到介入的价位，他是不会出来的，主力正好利用散户的这种心理，进一退二，边拉边撤。作为投资者，遇到这种情况要果断出局，确保盈利赚到手，拿到手的才是自己的。

　　普通投资者由于对主力的出货阶段缺乏认识，常常把头部误当底部，以为股价会再次大幅上涨，没想到买入后，股价没涨反而下跌了，随着股价的下跌，造成资金的不断亏损。主力常用的出货手法是在高位构筑平台出货，或者高位震荡出货，这类庄股大都有急速拉升某股的行为，在拉升到目标位后，主力开始构筑盘整平台，进行技术位修正，这极易引诱普通散户跟进，让散户对该股的形态走势十分看好，挑起股民们的买入冲动情绪，致使其失去理智，高位接盘。这就难怪一些股民，明明买在了头部，他却认为买在了底部，股价下跌了却不肯割肉止损，随着股价不断下滑，使小损变成了大损，最终被深套。

　　对于在顶部介入的投资者，如果发现自己介入位置错误，应在损失不大的情况下，及早卖出股票止损，避免造成不必要的大损失，留得青山在不怕没柴烧，只有保住本金的安全才可以等待下次的操作机会。

　　有时股价盘中突然大幅下跌，成交量迅速放大，换手率达到

20%左右，出现这种情况是危险信号，往往是因为主力发现了突发性的利空或是某种原因迫使庄家迅速撤庄，比如主力资金链出现问题等，有的主力资金来源不正当，或是联合坐庄的机构内部发生矛盾，需要迅速套现资金，或国家收紧银根等均会导致主力机构短时间内快速出货。在这一阶段主力直接大单打压股价，不计成本抛售股票，在K线图上形成吓人的大阴线，且成交量巨大，如果投资者以为股价跌幅较大，盲目抢短线，被套的风险极大。

主力出货，是坐庄过程中最重要的部分，主力要想出货成功同时还要结合辅助手段，主力机构会利用媒体、股评的力量散布消息，吸引散户接盘，达到短期内快速出货的目的，这就需要主力运用各种技能，做出股价还将上涨的种种假象，诱使散户产生错误的行为。在出货阶段，主力最怕的就是没人关注这只股票，所以主力会想尽一切办法引起市场的注意，除了技术手段上，以连拉大阳线的走势，制造大成交量来吸引散户跟进外，还需要上市公司出利好，媒体宣传，股评推荐等来配合主力出货。

因此投资者在实战操作中，必须要将公开的业绩、题材、消息与股价的形态走势，空间位置，成交量的变化等结合起来分析，不可以盲目、冲动性交易。

1.天业股份（600807）公司地处济南市，属小盘地产股，在天业地产的"绣水如意"项目资产整体注入公司之后，公司的主营业务向盈利能力较强的"房地产＋商业"转型。公司借助控股股东在山东地产界的品牌、人才、资金及其开发经验等优势，通过品牌建设、人性化的产品设计、严格的品质控制、优秀的物业管理，房地产业务已经取得了快速发展，品牌影响力日益增强，为公司打造区域地产蓝筹战略规划的实施奠定了良好的基础。

股价由7元开始启动，经过连续大幅拉升，上冲至19.5元后回落，到达主力出货目标位，主力机构利用股价的大幅震荡卖出手中的筹码。通过统计，该股在2009年8月25日至9月24日，23个交易日内换手率达到448%，相对应的成交量连续放大，散户被股价的大幅拉升冲昏了头脑，蜂拥而入，主力机构趁机出逃（图3.10）。

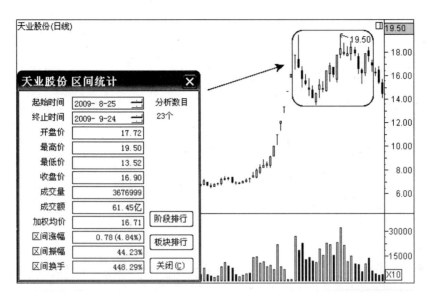

图3.10

2.湖北金环（000615）公司经营包括粘胶纤维制造销售与房地产开发等，公司拥有年产数万吨粘胶长丝和粘胶短纤能力，是国内主要的粘胶纤维生产基地之一，粘胶纤维也是无纺布环保袋的主要原料。

该股经过连续快速拉升，上摸14.8元后无力再创新高，由于大盘走势转坏，主力资金开始急于出逃，股价放量下跌，在顶部区间介入的散户还没反映过来是怎么回事，股价已大幅下跌，通过统计，该股在2009年7月28日至8月19日17个交易日内换手率达到109%，成交量不断放大，随后股价破位下跌（图3.11）。

3.云铝股份（000807）公司地处有色金属王国云南，生产规模居全国铝行业前列，是国家重点扶持的14家企业之一，公司现在控制的铝冶炼产能已经达到40万吨，产量在全国铝厂中处于前三强地位。

该股经过连续拉升后，成交量不断放大，上摸18元未果，股价开始回落筑顶，2009年7月23日至8月12日15个交易日换手率达115%（图3.12）。

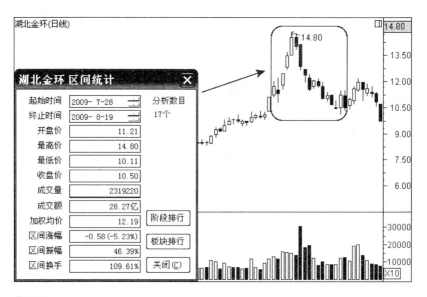

图3.11

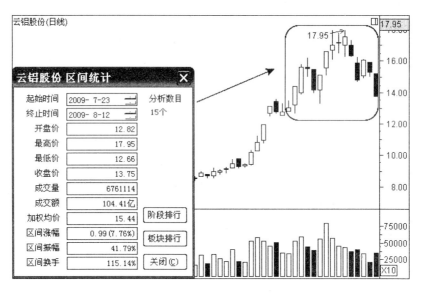

图3.12

第四章
Chapter 4

怎样选择黑马股

第一节 在涨幅榜中选黑马

Section 1

能进入涨幅榜前列的股票，无疑是资金追逐的目标，主力机构喜欢将自己坐庄的股票打至涨停，以吸引更多的跟风盘追涨。作为投资者来说，选择强势股买入，无疑会大大提高资金利用率，通过分析进入涨幅榜的股票，选择刚开始拉升的股票买入，操作的盈利概率会很大。

认真观察股价突破底部区域的股票，甚至是直接拉涨停的品种，这些往往是黑马股启动初期的表现，股价上涨趋势一旦形成，往往会出现连续上涨的走势，甚至有些个股会连续拉涨停板。我们常常能看到连续涨停板的黑马股，但是持有这种股票的普通投资者却很少，或者曾经持有却已在前几天的震荡中抛掉了，黑马股一旦启动后，它的涨幅和涨速往往出乎投资者的意料。而有经验的投资者通过细心观察和冷静思考，能够发觉某只股票即将大幅拉升并果断买入。

涨幅靠前的股票，说明该股有主力在操纵，主力机构拉高股价的目的有二：

其一，是该股进入拉升阶段，主力机构拉高股价完成坐庄目标；其二，是大幅拉高股价吸引跟风盘介入，主力机构趁机出逃。投资者只要通过个股的基本面、技术面，找到那些真正开始向上拉升的个股，并且选择好的买入点介入，大多数情况下都能获利。

投资者介入的前提条件是，股价要处于低价区域，只有股价处于低价区域，介入的资金才安全，为日后持股打下条件，除了股价处于低价区域外，成交量在股价拉升初期应相应放大，说明主力真实意图是拉高股价，此时投资者买入的风险较低。假如股价在高价位区域，大幅上涨，并且成交量放大的个股，说明主力机构利用大幅上涨和大成交量吸引跟风者，此时对于投资者来说高位追涨的话是相当危险的。

投资者在选股时，可以利用软件的多股同列功能，将涨幅靠前的股票进行分析观察，找出那些处于拉升初期的个股，然后再进行详细的分析研判，择机买入（图4.2）。

▼	代码	名称	涨幅%↓	现价	买入价	卖出价	日涨跌	振幅%
1	600397	安源股份	10.05	10.62	10.62	—	0.97	9.43
2	000519	银河动力 ×	10.02	16.80	16.80	—	1.53	4.26
3	600849	上海医药	10.02	13.40	13.40	—	1.22	0.00
4	000997	新大陆	10.01	16.15	16.15	—	1.47	12.40
5	600233	大杨创世	10.01	19.56	19.56	—	1.78	14.34
6	600990	四创电子	10.01	51.87	51.85	51.86	4.72	11.39
7	600422	昆明制药	10.01	10.44	10.44	—	0.95	9.17
8	000852	江钻股份	10.00	11.99	11.99	—	1.09	11.83
9	600097	开创国际	9.99	19.15	19.15	—	1.74	10.17
10	600842	中西药业	9.99	12.55	12.55	—	1.14	0.00
11	600607	上实医药	9.98	21.26	21.26	—	1.93	0.00
12	002034	美欣达	9.98	10.69	10.69	—	0.97	9.88
13	600833	第一医药	9.98	9.81	9.81	—	0.89	7.96
14	000973	佛塑股份	9.95	6.96	6.96	—	0.63	10.27
15	000548	湖南投资	8.78	10.28	10.28	10.29	0.83	9.42
16	000425	徐工机械 ×	8.33	36.79	36.79	36.80	2.83	4.56
17	600218	全柴动力	8.22	7.90	7.92	7.93	0.60	10.14
18	600373	鑫新股份	8.21	10.02	10.00	10.02	0.76	9.40

图4.1

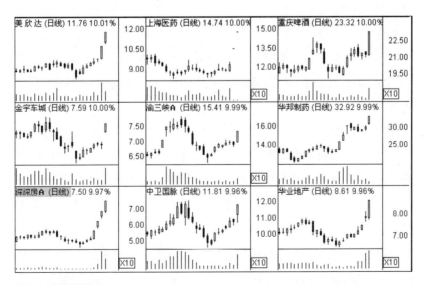

图4.2 多股同列

第二节 通过热点选黑马

Section 2

　　市场出现的热点题材，一直是黑马股爆发的集中区域，当有热点出现后，相关板块和个股就会大幅拉升，投资者就会追进，形成较强的人气效应，潜伏其中的主力机构顺势拉升股价，股价就很容易大幅飙升。

　　热点股一旦启动，跟风资金是相当庞大的，主力机构顺势拉升股价，由于在拉升过程中盘中不时出现向上扫盘的大单，盘口成交量快速放大，并快速进入涨幅前列。有些个股迅速拉升至涨停板，换手率较高，一般热点股日换手率达到10%以上，换手率高说明有大量资金进出该股，该股受市场关注度高，如果股价的走势形态向好，均线系统呈多头排列状态，这种股票很容易演变成以后的黑马股。

　　投资者在参与热点股的炒作时，主要在于把握热点形成以后的延续时间，股价还有继续上涨的空间，如果股价处于启动初期，投资者买入的安全性就高，盈利的概率就大；如果股价涨幅过大，介入风险就比较大，作为资金安全来说，就要放弃买入已大幅上涨的股票。有些投资者看到股价大幅上涨，忍不住手痒，而冲动性买入，往往出现被套亏损的概率比较大，如果热点形成以后，这种热点的延续极为短暂，投资者高位追进的话，一旦股价下跌就很有可能被高位套牢。

　　对于行情延续的时间的判断，要以当时国家对于该热点的政策支撑力度，特别是主力资金的介入深浅，该股的题材概念炒作价值有多大，普通投资者对该热点的认同程度有多大为依据进行综合分析，投资者在参与热点股时，重点在于把握热点形成的初期并果断介入，风险还是可以把握的。

　　能够带动一轮行情崛起的热门板块通常必须具有一定的市场号召力和资金凝聚力，并且能有效激发市场的人气，比如银行、地产、有色金属等板块，它们的上涨能有效带动大盘的上涨，有效激发市场做多能量。每一波行情中热点板块和热点龙头股一般上涨最快，幅度最大，而非热点股的涨幅明显落后于大盘，"赚了指数没赚钱"的原因往往是所选股票不是市场热点。

投资者如果在股价的启动初期介入，它会给投资者带来丰厚的利润。当然在热点形成以前，任何一个中小投资者都是无法预测何种题材能够成为热点，但是，作为一个成熟的投资者，应该知道某个热点形成以后，及时把握住这种投资机会，当热点消退时要及时离场。

寻找市场热点的方法主要通过分析政策面的变化情况，并且要时常关注媒体相关报道，如突出报道某行业或领域新发生的变化以及相关个股的走势情况；其次要关注经常上涨幅榜的个股，能上涨幅榜的个股，通常会伴随利好消息出现，由于股价上涨的连续性，能充分吸引资金跟风也容易形成热点。

投资者在操作中除了关注热点题材外，选股还要关注底部形态构筑坚实的个股，底部形态构筑得是否坚实可靠，主要从两方面进行研判：

一是底部形态的构筑时间，特别要关注那些底部形态形成时间长的股票，日后上涨的幅度和持续性也会很大；二是通过成交量进行研判，寻找股价启动时放量的个股，才能确认底部形态的可靠程度，这类股票将来才有可能成为黑马股。

1.中体产业（600158）公司是国家体育总局控股的一家上市公司，主营业务包括体育产业和房地产业务，并涉足机票代理及传媒等业务。在体育产业方面，公司承办各类体育比赛，开发、经营体育健身项目，并参与建设体育主题社区。在房地产方面，公司在广州、上海、天津、北京等十多个大中城市开发奥林匹克花园项目，成为公司收益的主要来源。

该股受益奥运会开幕，成为投资者关注的热点股，主力机构顺势拉升股价，股价由13元涨至50元以上，总体涨幅达200%以上（图4.3）。

图4.3

2.大杨创世（600233）大连大杨创世股份有限公司生产和经销各类中高档服装产品，为全球客户提供包括产品开发、面辅料采购、订单管理、品质检验、物流运输在内的一站式服务，西装出口

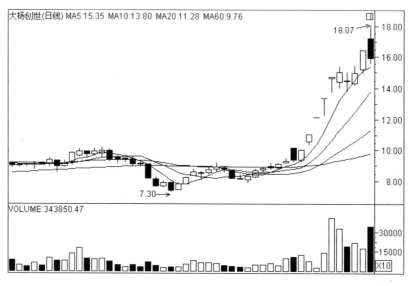

图4.4

量全国第一。

该股经过长时间盘整后，公司公布了一段3分钟的视频，是有关巴菲特盛赞创世西服的短片，随后受名人效应，该股成为投资者关注的焦点，该股主力顺势拉抬股价，各路资金跟风炒作，股价短时间内涨幅达100%（图4.4）。

3.莱茵生物（002166）公司在行业里是国内有能力生产最齐全品种植物提取物的企业之一，已经掌握200多种植物提取物的生产技术，其中60多个产品经国外独立检测机构严格检测，可以视市场需求情况迅速灵活调整生产品种，具有领先于行业的市场应变能力。

甲型流感疫情爆发时，医药股集体上涨成为市场炒作的热点，该股作为受益股，受到市场各路资金炒作，主力机构顺势拉升股价，莱茵生物成为领涨品种，股价经过两波大涨，整体涨幅达200%（图4.5）。

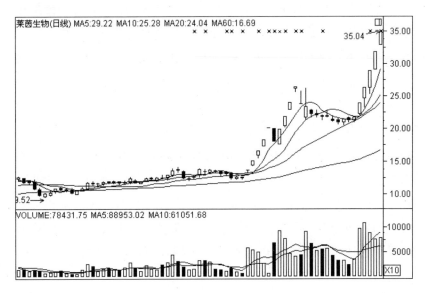

图4.5

第三节 利用形态选黑马

Section 3

　　通过观察个股的走势形态来选出有可能成为黑马的股票是最直接的方式，大多数投资者选股也是从形态走势入手，形态走势好的股票具有上涨的先天条件，成为黑马股的概率也比较大。

　　从形态入手选黑马有个简单的方法，一般只要看当日涨幅榜，通过浏览涨势好的股票，从中挑选出走势形态好的个股，并且股价处于低位区的股票，一般选择第一个涨停刚出现的股票比较好，由于股价刚开始上涨，在低位区间介入的投资者获利卖出的冲动性较小，股价下跌的风险较弱，另一方面，股价刚脱离底部区域，回调的风险较小，即使股价回调，投资者也可以安心持股，不必太担心股价会下跌多少，即使个股有回调，但过不了多久，股价又会重新涨回来，如此操作基本可以保证稳赚不亏。

　　当然股票的走势形态只是我们选股的一个切入点，并不能单独把它看成选股的标准，除了分析个股的形态具有买入的条件外，同时投资者还应结合个股的基本面分析，比如该公司的经营情况，近期有什么变化，消息面有什么影响，这些也是投资者在选股过程中应该考虑的。

　　一般不建议投资者参与ST股，ST股由于连年亏损，存在退市的风险，投资者盲目参与的话，有可能血本无归；另外因为ST股为亏损股，有重组的可能性，主力利用资金实力控制股价，因此股价容易暴涨暴跌，假如投资者在高价位买入股票，风险是相当大的。因此对于公司经营情况不熟悉的股票，即使股价形态走势再好投资者还是尽量不要盲目参与，把握好自己熟悉的投资机会，足矣。

　　1.双良股份（600481）公司是我国中央空调行业的领先企业，主要产品有溴化锂吸收式制冷机、吸收式热泵等中央空调主机及末端产品。公司主导产品拥有自主知识产权，作为国内最大的溴化锂制冷机制造商之一，其产品具备节能环保优势。

该股启动前长时间在低价位震荡吸筹，并且经过两次探底，随后股价小幅盘升，此时走势形成向上突破形态，伴随5日均线攀升，股价放量突破盘整区域，连创新高（图4.6）。

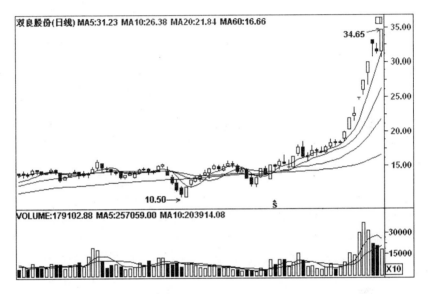

图4.6

2.方兴科技（600552）公司子公司生产的导电膜玻璃是电子信息产业的基础材料之一，广泛应用于光电平板显示行业、计算器、液晶显示器、太阳能电池等领域，公司被认定为重点高新技术企业，"华光"牌玻璃被安徽省评为名牌产品、安徽省质量免检产品，具有一定的品牌效应。

该股启动前，股价长时间在3.5元一带震荡盘整，股价走势呈一字形，具备向上暴发的动力；股价于2007年2月5日放量突破长期以来的盘整区域，依托5日均线上攻，整体涨幅达300%（图4.7）。

3.延长化建（600248）公司主营业务为化工石油工程施工，作为国内唯一的非央企石油开采企业，2008年延长石油完成销售

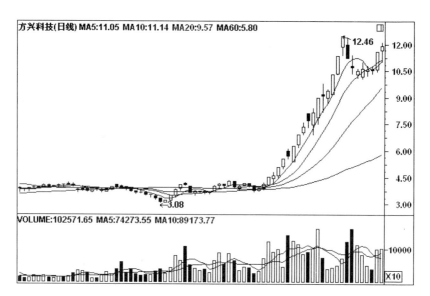

图4.7

收入622亿，利润100亿，大股东的雄厚实力也为公司可持续发展
打下基础。

图中该股由5.38元小幅盘升后，运行到8元以上展开回调，回

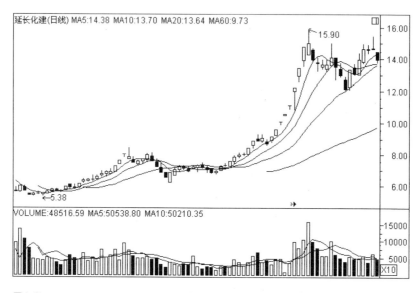

图4.8

调时成交量萎缩，震荡盘整了一段时间，股价开始小幅盘升，突破前期调整的高点，均线系统开始走好，形成向上突破走势，随后股价展开大幅上攻行情（图4.8）。

第四节 通过基本面选黑马

Section 4

对于中长期投资者来说，基本分析主要分析上市公司的小环境，比如公司业务、主营收入、经营好坏等，从而对上市公司有个基本的了解。分析个股的基本面是必要的，首先选择业绩稳定，具有高成长的上市公司，在股价估值偏低的情况下介入，做中长期投资，会获得丰厚的收益，比如贵州茅台、五粮液、天威保变和山东黄金等，都是良好基本面的代表。

做基本面分析同时要分析公司所处的行业发展前景，公司的发展前景乐观，具有较强的竞争力，有持续盈利能力的公司才适合做中长期投资；同时也要关注目标股流通盘的大小，盘子过大的股票，主力机构所需资金就多，由于盘子大股价涨得慢，投资者参与要有极大的耐心。

另外投资者最好选择具有各种炒作题材的相关个股，有题材的个股，容易受到主力机构的炒作，股价上涨速度也比较快，涨幅大，容易受到普通投资者跟风。

总之，投资者在做基本面分析后，同时还要结合技术面分析，不要只看公司的基本面不管股价有多高也买入，那样有可能就真成公司的股东了。做好基本面分析后，选择股价低估的时机买入，会获得丰厚的收益。

比如巴菲特在2003年以约每股1.6至1.7港元的价格大举介入中石油H股23.4亿股，当时投资5亿美元，成为仅次于英国石油公司的中石油第三大股东。从2007年7月份开始，在三个月内将23.4亿中石油H股全部卖出，获利277亿港元，巴菲特在中石油的账面盈利就超过7倍，这还不包括每年的分红派息。

巴菲特抛空后，中石油股价继续上升，当时有人曾讥笑巴菲特犯了"低级错误"，"股神"不再"神"，然而一年后，中石油H股股价滑落至三年前水平。这是典型的利用基本面分析进行投资的成功案例。

1.贵州茅台（600519）公司是我国酱香型白酒典型代表，同时也是我国白酒行业第一个原产地域保护产品，以及国内唯一获绿色食品及有机食品称号的白酒，是世界名酒中唯一纯天然发酵产品，构成持久核心竞争力，公司一直保持着较高毛利润。

该股股价2006年8月只有40多元，受大势走好和经济持续增长影响，该股业绩不断提升，2007年10月涨至200元附近（图4.9）。

2.中信证券（600030）公司主要开展经纪业务、投行业务、自营业务及资产管理等业务，股票基金交易市场份额排名第一。从出资控股中信万通证券80.05%的股权，到出资21.9亿元联合中国建

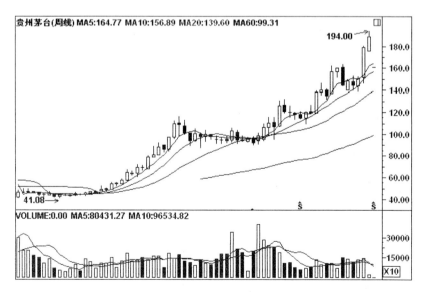

图4.9

银投资重组华夏证券，再到出资7.81亿元收购中信金通证券全部股份，并收购华夏基金100%股权，公司在扩充业务规模的同时，不断巩固了其在国内证券业突出的行业地位。截至2009年中期，公司总资产达1453.26亿元，成为国内资本规模最大的证券公司，领先优势进一步加大。

该股股价在2006年初只有7元左右，受大牛市影响，该股业绩不断提升，2007年10月涨至100元以上（图4.10）。

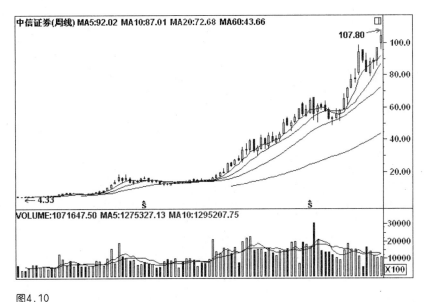

图4.10

3.五粮液（000858）公司是酒类食品大型生产企业，重视食品安全，以及良好的生态环境。白酒是传统酒类饮料，有着悠久历史和广泛的群众基础，发展前景看好，而且消费升级和城乡一体化建设加快，也会促使白酒行业增长。

"五粮液"品牌在2008年中国最有价值品牌评价中，品牌价值450.86亿元，居白酒制造业第一位，居中国最有价值品牌第4位，"五粮液"品牌比去年增长了48亿元，继续稳居中国食品饮料行业第一品牌位置，五粮液连续14年占据中国食品行业最具价值品牌第一位置。

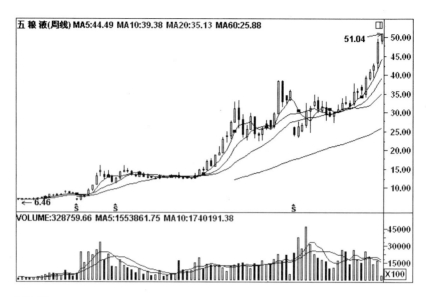

图4.11

该股股价在2006年初只有6元左右，公司产品供不应求，业绩不断提升，2007年10月份股价涨至50元以上（图4.11）。

4.中金黄金（600489）公司拥有国家黄金生产主管部门核准的

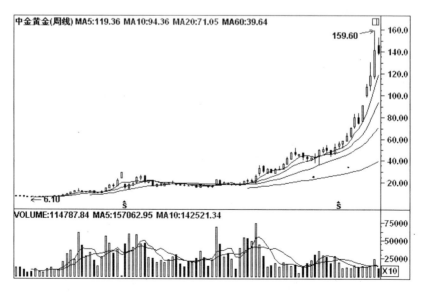

图4.12

开采黄金矿产特许经营权，黄金具有金属和金融的双重属性，并具备避险保值功能。如果美元流动性过剩加剧导致贬值趋势，黄金会因避险功能而相应被追捧。此外，中国等高外汇储备国对黄金储备的未来需求也是影响国际期金价格不可忽视的因素之一。

公司经营范围：黄金等有色金属地质勘察、采选、冶炼；黄金生产副产品加工、销售；黄金生产所需原材料、燃料、设备仓储、销售；黄金生产技术研究开发、咨询服务；国际贸易，保税仓储，商品展销；用自有资金兴办企业和投资项目等。

该股股价在2006年初只有10元左右，受黄金价格上涨带动，该股2007年9月份股价涨至150元以上（图4.12）。

第五节 利用政策利好选黑马

Section 5

国家政策对某一行业的支持，可以导致该行业迅速发展，比如国家为了缓解资源的紧张局面，提高对自然资源的利用，大力支持光伏太阳能产业，受利好政策影响各地迅速上马相关项目，在资本市场受益利好政策的相关板块和个股也走出上涨行情，如天威保变、乐山电力等；国家对基础设施的投资，对相关产业也会产生积极的影响，比如公路、高速铁路、客运铁路运输网的建设，会带动相关板块和个股受益，从而有望产生新的投资机会，如中国中铁、中国铁建、中铁二局等个股都走出过不错的涨幅。

基础设施相关的水泥股也因此受益，如赛马实业、祁连山、青松建化、天山股份等品种。细化到板块方面，国务院提出的十大措施涵盖了保障性住房、农村基础建设、加快铁路公路等基础设施建设、发展医疗卫生和教育事业、加强生态环境建设、加快自主创新和产业结构调整、取消商业银行信贷规模限制、扶持农业等方面，惠及环保、农业等几大行业。

2009年初国家推行刺激内需政策所带来的产业结构变化也相当可观。受益最大的品种是医药类和汽车类个股，主要是因为医疗体制改革具有深远的影响，相关产业也会受益匪浅，比如说普药类的西南药业、双鹤药业等品种，而化学原料药的东北制药、天药股份等品种也因为医药产业结构调整而有望出现业绩持续增长的态势，这也有望成为机构资金中长期关注的品种。

国家为了拉动经济，恢复汽车产业的发展，推出汽车下乡政策，受益汽车下乡政策的个股因此走出大幅上涨行情，如福田汽车、长安汽车和江淮汽车等2009年的涨幅都比较大，投资者获得了丰厚收益。

1.农产品（000061）公司是国家首批农业产业化经营重点龙头企业，已初步形成全国性的农产品批发市场体系，是唯一一家大型农产品批发市场网络化经营的企业。

该股受益国家惠农政策，股价经过在低位长时间盘整后，由12元启动快速拉升，连续放量创新高，整体涨幅达100%（图4.13）。

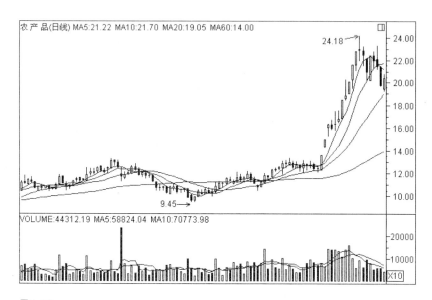

图4.13

2.新兴铸管(000778)公司是国内最大、世界第二的球墨铸铁管生产企业，公司主营业务为离心球墨铸铁管及配套管件、钢铁冶炼及压延加工、铸造制品等。公司是世界铸管龙头，球墨铸铁管生产、技术、产品居世界领先水平，国内市场占有率较高，产品行销多个国家和地区。

该股2008年受经济危机影响，一直处于下跌调整状态，随着长时间的调整结束，国家对基础设施的大力投入，也使该股受益，股价突破底部盘整区域后，放量创新高（图4.14）。

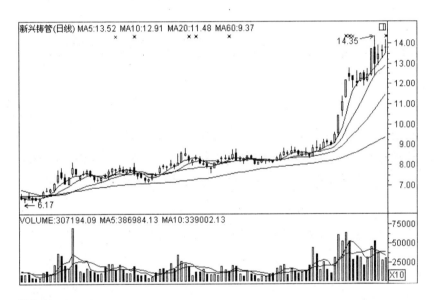

图4.14

3.冀东水泥（000401）公司是国家重点扶持的全国性大型企业，水泥产品在华北地区具有相当的垄断优势。公司是华北最大的水泥生产企业，也是我国最早的新型干法水泥生产企业。

该股受益国家投资建设，对水泥的大量需求，该股探底4.9元后，震荡盘升，涨至15元左右，总体涨幅达300%（图4.15）。

4.长丰汽车（600991）公司是国内较大的轻型越野车专业制造商，拥有长沙、永州两大整车生产基地和惠州、衡阳等零部件生产

图4.15

基地，公司还在北京、长沙、上海建立了汽车研发中心，并具备了整车开发能力，行业竞争实力较强，公司与三菱汽车合作，在国内主要生产猎豹和帕杰罗系列越野车，销量稳定并稳步增长，为公司

图4.16

业绩稳定增长提供了保障。

该股受益国家扩大内需政策，以及国家对汽车行业的支持，股价触底后回升，整体涨幅达300%以上（图4.16）。

5.天威保变（600550）作为太阳能板块的龙头，公司是国内唯一具备完整产业链结构的光伏企业，公司参股的天威英利主要生产硅太阳能电池，三期扩产后，将具备600MW生产能力。目前公司新能源产品订单饱满，保证了未来几年将继续实现快速发展。

该股受益国家对太阳能产业的支持，股价从20元启动震荡上扬，股价涨至80元以上才开始展开调整，整体涨幅惊人（图4.17）。

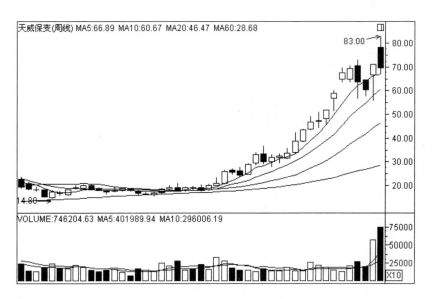

图4.17

6.乐山电力（600644）公司作为四川乐山地区集燃气、自来水和电力等生产和供应于一身的公用事业股，具备明显的区域垄断优势，供电是乐山电力最重要的利润来源。公司与天威保变共同投资组建的乐电天威硅业科技有限责任公司3000吨/年多晶硅项目前期在乐山高新区破土动工，标志着该项目正式进入建设期。

该股同样受益国家对太阳能产业的支持，股价启动前长时间在6元以下震荡盘整，当股价放量突破盘整区域，是投资者买入的最佳位置，该股股价启动后拉升至12元上，涨幅达100%（图4.18）。

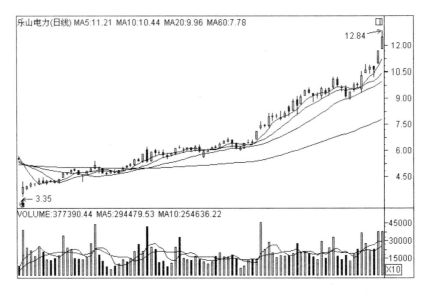

图4.18

第六节 大盘走好时机选黑马

Section 6

我们在前面曾提到，大盘的走势决定了大多数股票的走势，大盘涨大部分股票跟着涨，大盘跌，大多数股票跟着跌。在大趋势向下的时候，不管你选了多么好的股票，它跌的概率大过升的概率，也许股价可能会有一两天的反弹，但反弹过后是更猛烈的下跌。在股票下跌过程中，由于股民们争先恐后的抛售股票逃命，此时也不管股票有没有投资价值了，先卖出再说，假如别人卖你不卖，你就会被套，就会发生亏损。

股价在人们失去理性疯狂抛售的情况下，往往会越跌越低。股票大多数情况下，走势是无法预测的，股价上涨时没有顶，下跌时没有底，不要刻意去猜测股票会涨到什么位置，会跌到什么位置，什么支撑位、阻力位，此时都没有用。如果在下跌初期，你没有及时卖出，被套牢，你就会越陷越深，直到你心理无法承受的地步。当你投资的信心完全崩溃，在你忍无可忍的情况下，割肉出局，一个致命的大亏损常常就彻底淘汰了一位股民。

大盘走势一旦转好，市场人气活跃，个股才有表现的机会，主力机构则会趁机拉抬股价，一大批黑马股也会涌现，这也是投资者最好的投资机会。大盘走势向上，投资者买入股票后股价上涨的概率就大，持股就相对安全，盈利的概率也会相应提高，所以投资者应选择在大势背景良好的情况下进行投资活动，投资者可以通过涨幅榜选择走势比较好的个股，择机参与，买入后盈利的概率较大。

1.川大智胜（002253）公司是我国空中交通管理领域具有自主知识产权的大型软件和重大装备供应商，主要产品包括空中交通管理和地面智能交通管理两大类。

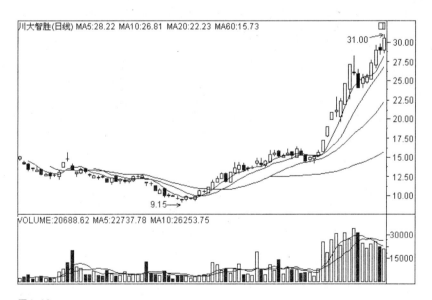

图4.19

该股经过下跌盘底后，小幅回升，底部呈头肩底形态，当大盘走好时，该股主力见时机成熟开始放量上攻，短时间内涨幅达100%（图4.19）。

2.西藏矿业(000762)公司主营铬铁矿开采和销售、铬铁合金的加工与销售、铜矿的开采与加工、金矿的开采。铬铁矿是我国的短缺矿种，西藏铬铁矿资源丰富，质量上乘，铬铁矿保有储量名列全国第一，占全国总储量的40%左右，国内直接入炉冶炼铬铁合金和用于铬盐化工的富矿都集中于西藏。

图中该股经过两次探底后，随大盘走好，开始放量上攻，突破底部区域，由8元开始启动，最高涨至19.7元（图4.20）。

图4.20

3.凌云股份（600480）公司是目前国内大型的汽车辊压件、汽车冲压件产品生产厂商之一，子公司涿州亚大是目前国内PE燃气管道领域唯一能从管材、管件、施工机具到设计、施工、维修提供成套服务的企业。

图中该股在底部经过长时间筑底，大盘走好后，该股开始小幅

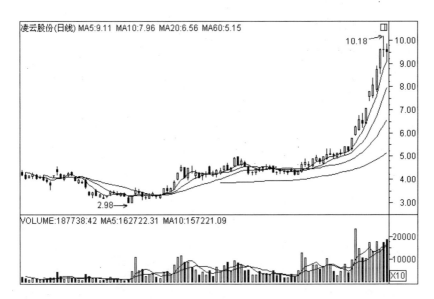

凌云股份(日线) MA5:9.11 MA10:7.96 MA20:6.56 MA60:5.15

10.18→

2.98→

VOLUME:187738.42 MA5:162722.31 MA10:157221.09

图4.21

盘升，上涨趋势确立以后，股价在主力机构的推动下，稳步上攻，涨幅达100%以上（图4.21）。

第七节 从低价股中选择黑马

Section 7

　　低价股是孕育黑马股的温床，在目前的股票市场里，股价低于8元的股票都属于低价股，由于股价低，投资者愿意买进，再加上如果有重组等利好题材，股价上涨的空间就会很大，主力机构操作这种股票，盈利的幅度也会很大，并且在高位容易出货，所以低价股一直是主力机构青睐的对象。

　　比如2006年有色金属行情，大多数的有色金属股涨到30元以上，其起跑点都在5—7元左右。对于低价股来说，股价低流通股市值就小，容易控盘，适合中小机构资金的操作，而且低价股题材丰富，股性活跃，因此低价题材股往往容易走出黑马股。

循此思路，投资者可以将操作重点部署在低价股板块中，尤其是拥有各种题材预期的个股，低价股里跑黑马，这是个历史规律，在传统的冷门行业中如果出现一些政策积极扶植的相关个股，特别是市场规模和行业地位不错的个股，必然会产生大幅上涨行情。

二级市场的股票价格在8元以下的股票，很容易会被主力资金所关注，一旦有资金大量介入，后市上涨空间巨大，如果再有相关的题材，后市想象空间巨大。

1. 中国嘉陵(600877)公司是中国最大摩托车企业之一，具有国资委重组题材；"嘉陵"商标是中国摩托车行业第一块"全国驰名商标"，品牌价值61.96亿元，"嘉陵"摩托车是中国摩托车行业第一品牌。

图中该股股价最低时只有2.15元，随着主力资金的介入，股价开始震荡盘升，涨至14.5元，整体涨幅达7倍（图4.22）。

2. 中炬高新（600872）公司依托中山火炬高技术产业开发区，是一家以高新技术产业为主导、资本为纽带多元发展的国际

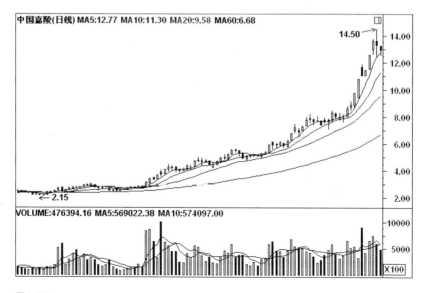

图4.22

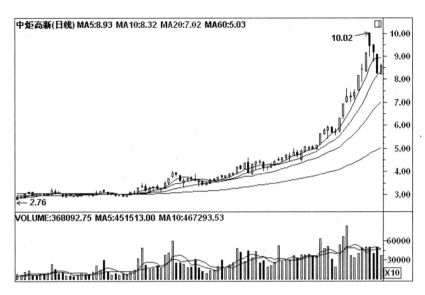

图4.23

化高新技术企业集团。公司投资的产业包括食品、信息技术、运输、机械等，旗下拥有美味鲜、中炬森莱、中港客运和中炬精工等控股子公司。

图中该股股价由3元开始启动，依托5日均线震荡上行，快速冲高至10.02元后股价开始回落，涨幅达300%以上（图4.23）。

3.三普药业（600869）公司是青海省唯一一家中藏药上市公司，三普将公司定位在一个以青藏高原独特资源为基础的制药企业，加大产品品牌推广力度力争创造民族医药第一品牌，使藏成药生产实现程控化，检测自动化，输送管道化，包装机械化，使藏成药生产能够形成规模，满足国内医药市场的需求。

该股由6元开始启动，经过短暂调整后，放量创新高，随后股价以连续涨停的走势完成拉升段，整体涨幅达300%（图4.24）。

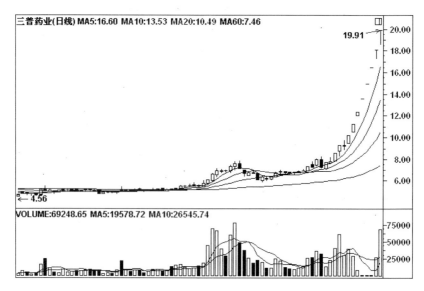

图4.24

第八节 从小盘股中寻找黑马

Section 8

　　小盘股历来是黑马股的摇篮，小盘股由于股本小、流通筹码少，易于主力机构控盘。中小板块经常出现黑马股的身影，中国股市投机气氛浓厚，而投机市场最大的特点就是疯狂炒作。小盘股由于股本小，所需资金比较少，因此常常遭遇主力机构爆炒，比如一只股票流通盘是8000万股的小盘股，主力如果能够在8元以下吃进该股60%的流通筹码的话，投入资金不过4亿元，加上以后拉升股价所用的操盘资金，最多也只要5亿元就足够了。

　　现在市场上能够筹集到这点资金的主力机构很多，甚至一些资金量比较大的私募基金就能做到，加上一些融资渠道，炒作一只小盘股是轻而易举的事，因此资金上是不成问题的。如果股票的盘子变大，流通盘翻一番，主力机构需要的资金量至少要翻一番，控盘也相对比较困难，操作风险也就会相应增大，这样主力筹集资金的难度就要大得多了。

当然随着市场规模的不断扩大，机构投资者实力的迅速增强，或独庄或联庄操作，许多中大盘股也不时有黑马跑出来，但从总体来看，小盘股跑出大黑马的机会更大一些，小盘股里经常有一些微利或微亏的公司，只要有资金对它进行重组，重组后业绩一下子提高0.2元，其市场形象就会大大改观，市场舆论也会为其重新定位，一些券商的评级报告也会提高，潜伏其中高度控盘的主力借机拉升股价，股价翻上几番是很容易的事。

目前我国经济发展仍处于经济结构转型阶段，上市公司的质量普遍不高，极少有能够长期持续发展的成长股，即使当年的绩优股如深发展、四川长虹等，也从最初的高成长转变到近几年的调整巩固，业绩也从绩优到绩平再到绩差。因此，要想提高上市公司质量，只能通过资产重组方式实现，可见资产重组是股市现阶段最具活力的炒作题材。小盘股因为资产重组成本低，想象空间大，股价涨起来后，主力机构获利丰厚，因此容易受到主力资金的青睐。

1.宜科科技(002036)该股流通市值只有1.9亿，属中小股板块，公司主要从事黑炭衬和黏合衬系列产品的研制、开发、生产

图4.25

和销售。汉麻具有天然抗菌、吸湿快干、防紫外线、耐热性等功能特性，天生就是制作军用服装的好材料。因而，公司在云南省的汉麻业务在开发之初便受到了总后军需油料部和云南省各级政府极大支持。

图中该股由10元开始启动，经过两波上涨后，冲高28.4元开始回落（图4.25）。

2.精功科技（002006）该股流通盘只有8328万股，属小盘股，公司主营业务为机电一体化的建筑、建材专用设备及轻纺专用设备，从事高新技术产品的研制开发、生产制造、经营销售和技术服务。

图中该股在底部区域经过长时间吸筹后，于9元启动，放量上攻，主力机构以连续涨停的方式完成该股拉升段（图4.26）。

3.通产丽星(002243)该股流通盘1.01亿，属小盘股，公司是我国化妆品塑料包装的龙头之一，凭借优良的产品品质赢得了国际知名化妆品企业的青睐，形成了以国际知名化妆品企业为主体的稳定高端客户群。

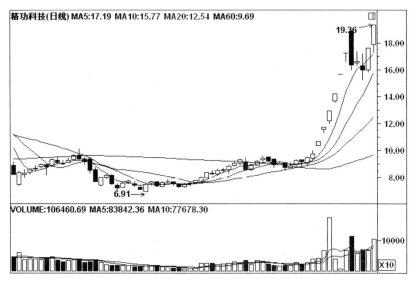

图4.26

图4.27

　　该股主力在10元区域经过长时间震荡吸筹后，股价放量启动，主力机构操纵股价依托5日均线震荡盘升，股价冲高至17.15元，整体涨幅达80%（图4.27）。

　　4.川大智胜(002253)该股流通盘只有2188万，属小盘股，公司是我国空中交通管理领域具有自主知识产权的大型软件和重大装备供应商，主要产品包括空中交通管理和地面智能交通管理两大类。

　　图中该股底部呈头肩底形态，主力机构利用长时间的盘整达到吸筹的目的，待时机成熟，股价由15元开始启动，突破底部区域，连续大涨，至31元开始回落，涨幅达100%以上（图4.28）。

　　5.利欧股份(002131)该股流通盘只有4587万股，公司位居国内微小型水泵和碎枝机的龙头地位，公司是中国最大微型小型水泵制造商和出口商，同时也是中国最大碎枝机出口商。

　　该股主力在6元至8元一带经过长时间吸筹后，股价放量向上突破，连续四个交易日股价涨停，冲高至13.9元后，受大盘调整影响，该股开始回落（图4.29）。

图4.28

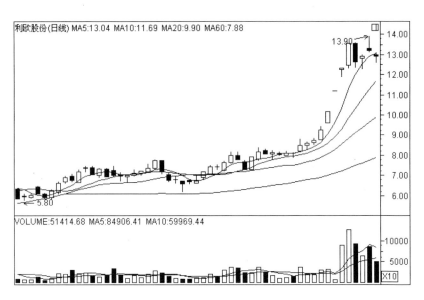

图4.29

第九节 在重组题材股中选黑马

Section 9

重组历来是市场中最热门的炒作题材之一，上市公司通过重组大多会提升业绩，甚至脱胎换骨，丑小鸭变成白天鹅，由亏损变盈利。历史上的重组股成为大黑马的事情屡见不鲜，重组题材容易吸引投资者的眼球，各路资金蜂拥而入，往往使股价在短时间内涨幅可观，有的甚至高达几倍，主力就是凭借重组题材，打开想象空间，把股价拉高，从而在市场中赚取暴利，例如高淳陶瓷自从公布将与中国电子科技集团第十四研究所进行重组后，股价连续11个涨停板（图4.32）。

从二级市场收益率来说，重组股是一个高风险高收益的投资品种，高风险主要来自重组信息的不对称，重组各方在重组信息公布之前，并不希望股价大幅上涨，尤其是资产置换、整体上市等涉及重组各方的直接利益时更是如此，所以尽可能地保守重组秘密。这样一来投资者作为局外人在信息方面就处于劣势地位，一旦重组消息公布出来，股价往往涨幅较大，甚至直接涨停，投资者如果追高买入的话将会带来极大的操作风险。

但高风险对应着高收益，一旦重组信息公布，股价多数会持续强劲上涨，尤其是整体上市等对基本面有着极大影响的个股来说，更是如此，比如中国船舶、葛洲坝、攀钢钢钒等，所以重组股一直是各路资金追逐的焦点。

正因为重组股获利空间巨大，一直是投资者挖空心思要寻找的股票，不过如果从市场的角度来说，重组股其实也并非没有征兆，尤其是在监管部门强调信息披露"三公"原则的前提下更是如此，比如2009年初国务院发布的《汽车产业调整和振兴规划》鼓励企业间进行兼并重组。

原文指出："鼓励一汽、东风、上汽、长安等大型汽车企业在全国范围内实施兼并重组。支持北汽、广汽、奇瑞、重汽等汽车企业实施区域性兼并重组。通过兼并重组，形成2－3家产销规模超过200万辆的大型汽车企业集团，4－5家产销规模超过100万辆的汽车企业集团，产销规模占市场份额90%以上的汽车企业集团数量由目前的14家减少到10家以内。"字里行间透露出重组的信息，相关个股也走出了较大的涨幅，如：长安汽车、江淮汽车等；所以对于投资者来说重组股并非无迹可循。

1. 长安汽车(000625)重组前的中国长安汽车集团，是中国兵器装备集团汽车及零部件业务的专业化管理公司，于2005年12月获国务院批准成立，原名"中国南方工业汽车股份有限公司"，2009年7月1日经国家工商行政管理总局批准更为现名。

2009年11月10日上午国资委直属中国兵器装备集团公司、中国航空工业集团公司在人民大会堂举行重组长安汽车集团签字仪式。此后，中航工业旗下的哈飞汽车、昌河汽车等股权将划拨给长安汽车集团。长安吃掉中航系旗下两家汽车公司后，兵装集团将持有长安汽车集团77%的股权，中航集团则持有23%股权。

这是广汽重组位于湖南的长丰汽车后又一个跨区域并购案例，

图4.30

股价由2009年初的6元左右涨至16元以上（图4.30）。

2.哈飞股份(600038)公司属于航空产品开发制造行业，公司构建了国内一流的制造体系，形成了较强的自主创新能力，成为我国直升机、轻型多用途飞机、新支线客机的研发、制造基地。哈飞股份与哈飞集团、空客中国等签署了哈尔滨哈飞空客复合材料制造中心有限公司合资合同。

2009年1月8日，中航工业集团与天津市政府共同组建的中航直升机有限责任公司正式成立，中航集团与天津市政府的股份占比分别为69%和31%，中航直升机公司将主要从事直升机、螺旋桨、风电产品和复合材料结构件的研制开发，形成批量生产多种型号直升机和转包生产各种航空零部件的能力，中航工业集团方面表示，公司将实施资本化运作，重组与直升机相关的业务，建立新的融资平台，三年左右时间实现整体上市。

此前该股受资产重组与整体上市预期，股价暴涨（图4.31）。

3.高淳陶瓷(600562)公司主营业务为日用陶瓷的生产、销售及自营出口。公司将与中国电子科技集团第十四研究所进行重组，此

图4.31

次重组完成后，高淳陶瓷将变身为包含微波电子产品、交通电子信息系统等业务的高科技公司新贵。

该股自从公布将与中国电子科技集团第十四研究所进行重组，受重组消息影响，股价连续涨停，运行到20元的区域才展开震荡盘整，整体涨幅达120%（图4.32）。

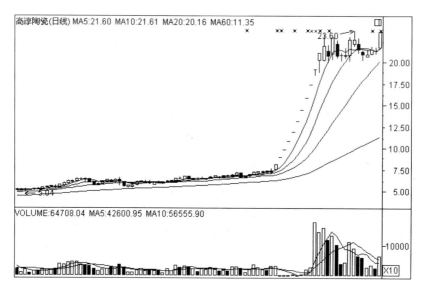

图4.32

第五章

Chapter 5

黑马股启动前的经典吸筹形态

第一节 圆弧底形态

Section 1

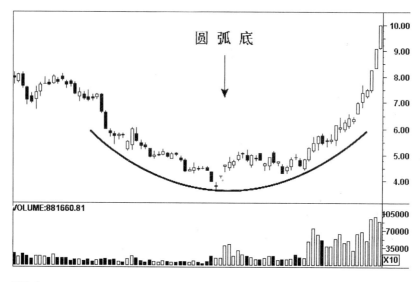

图5.1

在熊市末期，股市经过大幅下跌后，股价极低，随着市场及政策面的回暖，逐渐开始有大资金及主力机构进场，在K线图上成交量出现明显放大迹象，但随后成交量又恢复沉寂，主力机构利用人们恐慌心理，小幅震荡股价，迫使持股不坚定的投资者卖出股票，主力则在低价位悄悄吸纳筹码。

大部分股票下跌后不会直接拉升，而是经过一个漫长的调整过程；股价经过前期大幅下跌后，严重超跌，接近历史低点，随着卖盘的越来越少，在顶部套牢的股民，由于损失巨大，产生惜售的心理，怎么也是这样了，索性就不割肉了，慢慢等着股价涨回来。

主动卖出的人越来越少，卖盘一旦减少，股价下跌的力量就小了，随着场外的投资者不断入场，股价出现止跌迹象，但此时并不能说明股价真正见底了。由于套牢的股民舍不得割肉，在场内的主力资金一时半会吸不到大量的筹码，吸不到足够的筹码，主力达不到控盘的目的，是不会轻易大幅拉升股价的，主力为了吸到充足的筹码，通常会采取各种手段，千方百计恐吓持股的投资者卖出股票，比如主力可以采取联合上市公司在媒体上发布公司业绩变坏的公告，借此打击持股者的信心，投资者一旦对目标股失去信心，害怕股价再往下跌，通常会忍痛卖出股票。

此时主力不动声色地在盘口挂出小单子慢慢接手散户的抛盘，但保持股价不向下大幅下跌，随着在低位的筹码渐渐吸完，散户主动割肉的越来越少，主力再在这个价位吸筹的话，吸不到足够的筹码，此时主力开始小幅拉高股价并采用小幅震荡的手段消磨投资者的意志，促使股民割肉卖出股票。

如此反反复复，股价重心不断被抬高，均线系统由杂乱的缠绕状态开始呈向上发散状，成交量在这个阶段并没有什么明显的特征，只不过偶尔几天成交量放大或缩小。随着时间的推移，主力机构手中的筹码越来越多，一旦时机成熟，股价就会大幅拉升。

1. 长春高新(000661)公司主营业务为以生物制药、中成药生产及销售、房地产开发为主导产业，辅以开发区基础设施建设、物业管理等。

该股在底部经过长时间的震荡构筑一个圆弧底形态，随着大

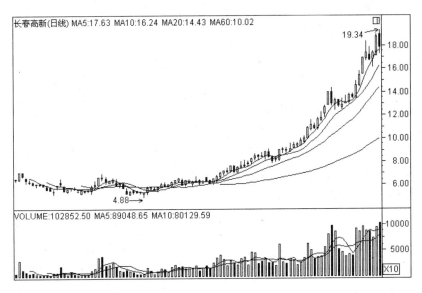

图5.2

盘走势转好，该股股价重心不断上移，成交量伴随放大，均线系统呈多头排列，随后股价在主力机构资金的拉动下，不断创出新高（图5.2）。

2.辽通化工(000059)公司主营业务为化学肥料的生产与销售，公司是国内最大的尿素生产企业之一。

该股于3.52元止跌后，股价小幅回升，随后几天成交量放大，放量过后，股价又恢复调整状态，但是并没有创新低，当股价接近前期低点时，成交量再次放大，股价重心不断上移，均线系统开始转好，从图中观察，股价底部形成圆弧底形态，随后该股在大盘走好后，走出了一轮快速上攻行情（图5.3）。

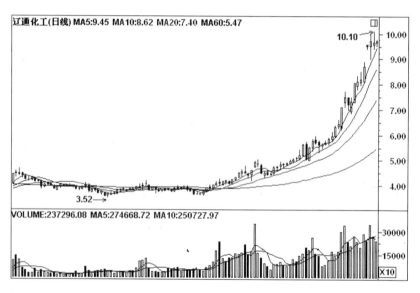

图5.3

3.ST四环（000605）公司主营业务为生物制药、中西药的研究开发；小容量注射剂、冻干粉针剂的生产和销售。公司重组方案终于尘埃落定，泰达系内部借壳四环药业的金融资产最终确定为北方信托，四环药业则将现有全部资产及负债出售给大股东四环集团，并以新增股份换股吸收合并北方信托，从而实现后者的整体上市。

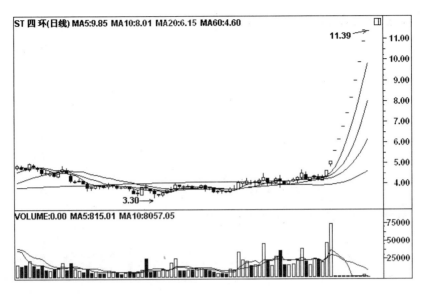

图5.4

图中左侧，股价从高位经过长时间下跌后，于3.3元止跌回升，随后成交量明显放大，显示有主力机构在吸纳筹码，股价走势长时间呈震荡盘升状态，2007年1月19日股价放量突破前期盘整区域，图中股价走势形成圆弧状底部形态，受重组消息影响，该股于4.5元启动，连续拉涨停（图5.4）。

4.西宁特钢（600117）公司是西北地区最大的特殊钢生产企业，公司三大产业板块已初具规模，由单纯的特殊钢生产企业转变为资源生产综合型企业，铁矿、煤矿的发展空间和盈利空间较大。

该股经过前期下跌后，于6.31元止跌，随后成交量极度萎缩，成交量缩至地量，说明卖出的投资者已很少，股价随时有可能变盘，经过一段时间调整后，成交量明显放大，显示有新的资金开始买入，股价被主力机构资金拉起，股价重心不断上移，均线系统开始走好，股价沿5日均线向上突破盘整区域，底部呈圆弧状态，随后股价在主力资金的拉抬下，走出一轮大幅上涨行情（图5.5）。

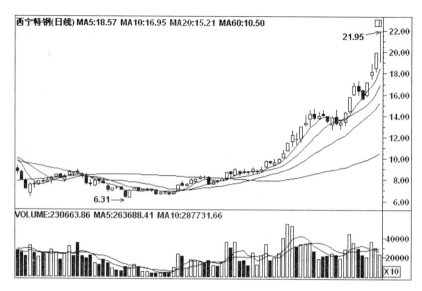

图5.5

第二节 头肩底形态

Section 2

　　股票经过前期大幅上涨后，随着主力不断卖出手中的股票，股价由高位向下跌，下跌趋势一旦形成，短时间内是很难见底的，即使盘中有反弹，但反弹的力度和持续性都比较弱，反弹过后股价下跌速度会更快，在高位介入的普通投资者被股价大幅下跌吓怕了，人们恐慌性卖出股票，股价由于跌幅较大，出现止跌反弹，此时有另一部分投资者在股价刚止跌时急于抄底，误认为股价大幅上涨行情要到来而盲目介入。

　　股价在下跌途中出现反弹，这时在高位套牢的投资者由于害怕股价再次下跌所以就会趁股价反弹时卖出股票，股价受恐慌性抛盘的打压继续下跌寻求支撑，股价经过暴跌后，成交量逐渐萎缩，此时由于股价跌幅过大，卖出的人越来越少，出现见底迹象，一部分场外观望的投资者开始介入，股价出现小幅的上涨。

　　此时大势背景也开始转好，新的买入力量开始进场买入股票，

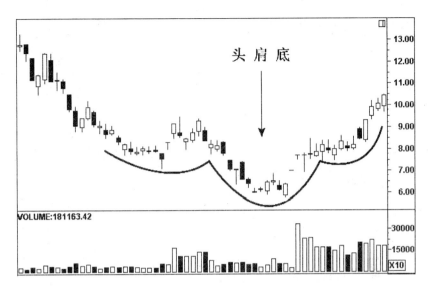

头肩底

VOLUME:181163.42

图5.6

股价止跌回升，随着股价的上涨，到了前期反弹区域时，由于在前期反弹位置存在大量套牢盘，前期介入被套的投资者一看股价涨上来了，给了自己解套的机会，害怕股价再次下跌被套，大多会急不可待的卖出股票，躲在一边喘口气，而场外观望的投资者由于害怕股价再次下跌，通常不会轻易介入。

由于套牢盘割肉，观望的投资者不敢轻易进场，买盘力量不足，只要股价一涨，卖盘就涌出，股价上涨受阻，出现震荡盘整走势。此时潜伏在该股当中的主力则会利用散户的这种心理，小幅震荡股价，主动解放套牢盘，迫使股民卖出手中的股票，主力则接手抛盘，随着时间的推移，套牢盘纷纷割肉，股价上涨的阻力被有效解除，随着浮筹的有效清理，主力开始用大单拉升股价，股价再次被拉高突破盘整区域，并创新高，成交量同时放大。

1.农产品（000061）公司是国家首批农业产业化经营重点龙头企业，已初步形成全国性的农产品批发市场体系，是唯一一家大型农产品批发市场网络化经营的企业。

图中该股反弹行情失败后，股价放量下跌，经过连续多个交易日的下跌后，最终股价于9.45元止跌回升，当股价涨至前期套牢

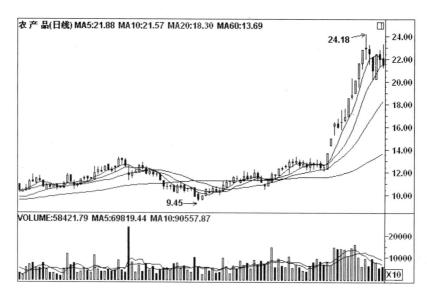

图5.7

区域时，展开回调动作，清理套牢盘，当套牢盘卖出后，股价放量突破前期盘整区域，底部形成头肩底形态，股价由当初启动时的12元，涨至24.18元，整体涨幅达100%（图5.7）。

2.金马集团（000602）公司属互联网及服务行业，公司主营业务为通信及信息网络、计算机软硬件、自动化系统的产品开发、经营、系统设计、集成、增值服务。

图中该股经过两波下跌，于9.78元止跌回升，当股价回升到前期下跌平台时，股价展开长时间震荡盘整，消化前期平台处的套牢盘，在这一阶段，成交量比较温和，主力通过时间来消耗投资者的意志，迫使持股的投资者交出手中的筹码。当股价再次回落，成交量萎缩至地量，此时股价聚集了向上暴发的力量，股价在毫无征兆的情况下跳空高开，突破盘整平台，主力接手大量抛盘，同时成交量迅速放大，随后几个交易日股价不断创出新高，整体涨幅达100%以上（图5.8）。

3.八一钢铁（600581）公司是新疆地区最大，西北地区第二大的钢铁生产企业，并形成了以螺纹钢、线材、热轧板卷为主的产品结构，新疆内市场占有率高达70%，具有很强的区域垄断优势。

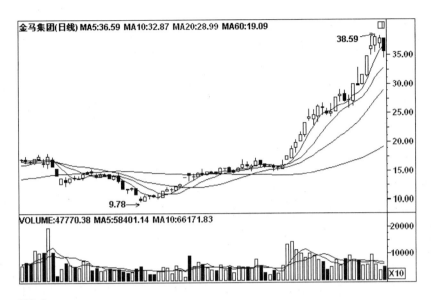

图5.8

　　该股的走势图同金马集团的走势差不多，该股创6.31元低点止跌后，在这个价位附近展开长时间的盘整，从图中我们可以看到这一阶段成交量极度萎缩，主力在没有什么成交量的情况下吸筹是很

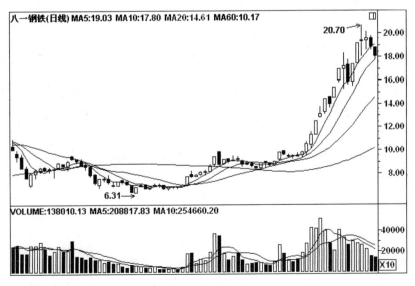

图5.9

困难的，主力机构要想建仓只有拉高股价。

　　随后几个交易日，股价放量上冲，通过图中可以明显感到有资金在吸纳筹码，当股价运行到前期下跌时的高点时，股价再次回落，成交量同时萎缩，当股价调整结束后，主力利用大幅拉升股价的方式，突破盘局，迅速完成一波拉升段（图5.9）。

第三节　一字形底部形态

Section 3

　　股价在低位区域横盘的时间越长，相对来说主力吸纳的筹码越多，以后股价的涨幅也会越大。股价的涨幅，取决于主力持股的多少，如果主力持股量较大，则主力必须要将股价拉升出比较大的空间才能顺利完成出货。

　　主力为了达到吸筹的目的，最省钱的方法就是让股价在低位长

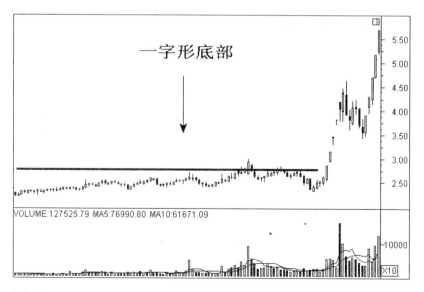

图5.10

时间震荡，以时间换空间，迫使持股的投资者卖出手中的股票。股价经过前期大幅下跌后，恐慌性割肉盘纷纷卖出，股价出现加速下跌，由于股价跌幅过大，被套的投资者由于损失过大，不愿在低价位卖出股票，股价的走势就达到了一个暂时的平衡，股价出现止跌迹象。

在场外观望的主力资金见股价出现止跌迹象开始进场，主力不想让别人发现自己在吸纳筹码，只能用小单量接盘，由于在底部割肉的套牢盘较少，主力不能短时间内吸够筹码，只能采取长时间在底部区域震荡吸筹，通过长时间的盘整，迫使没有信心的持股者抛出手中的筹码。

大部分在高位介入的投资者是忍受不了这种股价长时间不涨的，刚开始被套时，由于股价急跌，要让自己割肉出局在心理上还是接受不了的，随着长时间股价不涨，在心理上也就接受了当前的股价，加上主力的折磨，同时看到别的股票涨自己的不涨气就不打一处来，在急于扳本的心理作用下，索性割肉卖掉被套的股票去追已大幅上涨的股票。

盘中即使有人发现有主力吸筹的个股而跟进，由于股价长时间不涨，投资者也会失去信心，卖出股票，主力通过这种方法既达到吸筹的目的，又能有效减少跟风盘，在K线图上我们看到股价长时间窄幅震荡，走势呈一字形或不规则底部形态。

随着时间的推移，散户手中的筹码越来越少，主力手中的筹码越来越多，当主力控制的筹码达到一定量的时候，则离股价大幅拉升就为时不远了，如果大势配合，时机成熟后主力则会大幅拉高股价。在K线图上我们看到，股价长时间在一个窄幅区域震荡波动，成交量没有明显的规律性，一旦主力开始真正拉升股价时，成交量则开始放大，形成这种K线形态的个股，通常会演变成一支黑马股。

1.方兴科技（600552）公司子公司生产的导电膜玻璃是电子信息产业的基础材料之一，广泛应用于光电平板显示行业、计算器、液晶显示器、太阳能电池等领域。

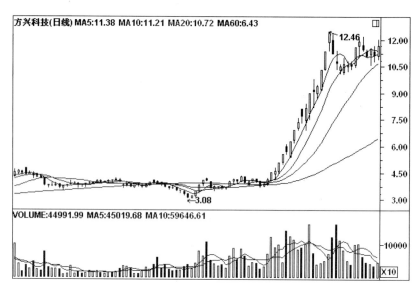

图5.11

图中股价启动前长时间在4元附近震荡盘整，周期很长，主力通过长时间的盘整，来达到吸筹的目的。主力在完成吸筹任务后，利用大盘走好的有利时机，迅速启动股价，股价几乎以45度角，依托5日均线，向上拉升，一直到12.46元才展开调整，总体涨幅达300%，可以看出主力的仓位较重，只有大幅拉高股价才能顺利出货（图5.11）。

2.贵航股份（600523）公司是国内汽配行业龙头，其控股股东贵航集团是我国航空行业中综合配套能力最大、最全的集团公司，是我国西南地区规模最大的汽车零部件生产企业，同时也是国内同行业中品种齐全、产销量最高、市场覆盖率和占有率最大的密封条生产企业。

图中该股在2.5元一带长时间盘整，创2.32元新低后，股价迅速被拉起，突破长期以来的盘整区域，随后几个交易日股价连续涨停。由于股价涨幅过大，短线获利盘开始卖出，成交量放大，股价经过几个交易日调整后成交量出现萎缩迹象，待做空力量减弱后股价再次被主力拉起连创新高（图5.12）。

3.深国商（000056）作为深圳本地老牌房产股，公司积极调整

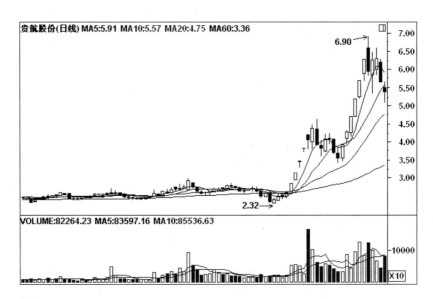

图5.12

经营管理，打造休闲业新产业。公司现下辖深圳融发投资有限公司、国商林业公司、国商物业管理有限公司。

　　该股在4元区域经过较长时间的横盘，均线系统呈胶着状态，

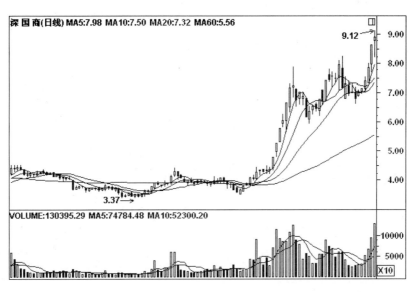

图5.13

股价没有再创新低，随着市场转暖，该股开始小幅盘升，突破长期以来的盘整区域，不断放量创出新高，在7元附近调整后，股价再次拉升（图5.13）。

第四节 起飞式形态走势

Section 4

　　大多数黑马股在启动前，股价都有一个小幅攀升加速的过程，如同飞机起飞时的助跑动作。股价经过前期大幅下跌后，长时间在低位一个狭窄区间震荡波动，每日的成交量很小，表面看似没有人理会，其实是主力利用长时间小幅震荡来达到悄悄吸筹的目的。

　　随着时间的推移，股价的波动幅度越来越小，股价重心开始上移，说明筹码大部分已集中到主力手中，主力择机选择拉升时机，

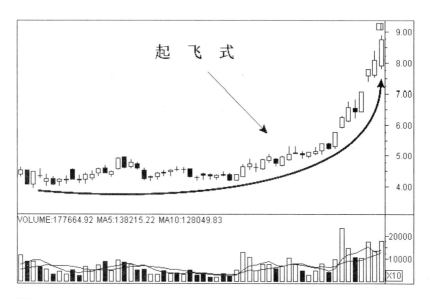

图5.14

主力一般选择在大势走好的情况下，人气旺盛，跟风盘较多时拉抬股价，这样可以有效节省操盘成本，同时接盘的人多，可以在高位成功出货。

在图5.14中可以看到，随着主力吸筹任务完成，股价重心不断上移，成交量突然一天放大，股价创出新高，呈现放量上攻动作，形态上看好似一条潜伏海底的蛟龙，腾空跃出海面，此时均线系统由缠绕状态变为多头排列状态。

当股价突破盘整区域开始抬头时是投资者最佳的介入位置，有些投资者认为股价已从底部涨了好长时间，害怕股价下跌因而不敢介入了，这种思想认识是错误的，反而失去了最佳的介入时机，此时股价是由低位向上拉升，有主力资金拉抬股价，且时机成熟，此时介入风险极小，且介入后盈利的概率很大，这种起飞式K线形态走出来后，后市继续创新高的概率较大，投资者在实战操作中要对这种典型的走势形态加以关注。

1.凌云股份（600480）公司是目前国内大型的汽车辊压件、汽车冲压件产品生产厂商之一，子公司涿州亚大是目前国内PE燃气

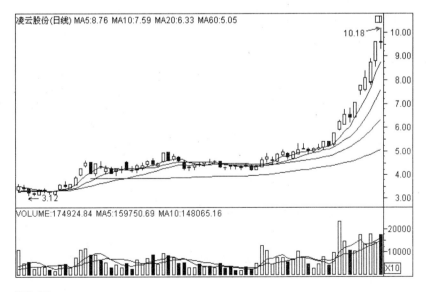

图5.15

管道领域唯一能从管材、管件、施工机具到设计、施工、维修提供成套服务的企业。

该股是一个经典的起飞式走势,股价在5元一带经过长时间盘整后,依托5日均线,股价开始小幅盘升,阳K线明显比阴K线多,当股价放量突破盘整区域后,股价上涨开始加速,均线系统呈多头排列,是一个完美的拉升形态(图5.15)。

2. 北方国际(000065)是中国最大的武器装备制造集团,其子公司北方工业公司主要经营性资产涉及武器装备、运动器材、车辆制造、稀有矿产、石油资源等。

该股从5元开始小幅拉升,依托5日均线不断上攻,当股价突破10元的压力位后加速上攻,以连续涨停的方式完成拉升段,当广大的投资者被激起买入冲动情绪后,主力机构开始疯狂出货,后因受印花税调高利空消息影响导致股价跳水(图5.16)。

3. 韶钢松山(000717)公司为广东省最大的钢铁生产企业,地处经济发达地区,而广东省钢材自给率不足,是引入型钢材消费大省,公司市场优势非常明显。国内燃材料价格大幅上涨,进口矿及

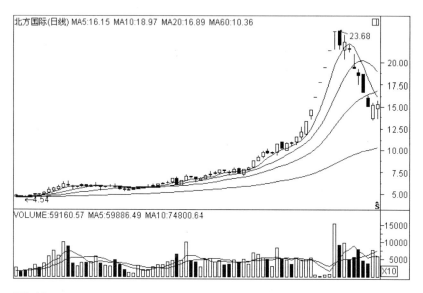

图5.16

海运价格持续攀升，增加了公司生产经营成本。

图中该股在4元一带经过长时间吸筹后，股价开始一波三折的拉升，在图中可以看到，操作该股的主力，在拉升一两天后，开始调整股价，吓出持股不坚定的投资者，股价经过反复拉升后调整，最后猛拉了两天，吸引投资者跟进，股价运行到这也差不多到头了，持有该股的投资者估计也被吓的精神异常，不过该股整体涨幅也不小（图5.17）。

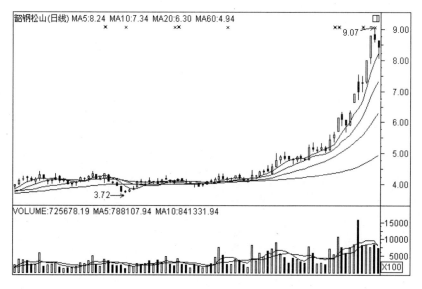

图5.17

第六章
Chapter 6

黑马股的拉升和出货时机

第一节 黑马股拉升时机

Section 1

操作黑马股，投资者最重要的就是要掌握黑马股的拉升和出货时机，在股价启动初期买入，在股价见顶时卖出，这样投资者才能赚钱。当大市背景良好处于上涨趋势，尤其是普涨格局时，市场人气急升，大量资金蜂拥进场，这时庄家用少量资金拉升股价就可以吸引大量资金杀入该股，把股价拉高。

主力拉升股价，是要付出一定拉抬成本的，比如说印花税和交易佣金，主力为了减少拉抬成本，最大获利，还要选择合适的拉升时机，一般大部分股票伴随大盘的上涨而上涨，大盘处于强势上涨时人气旺盛，跟风盘较多，投资者不计成本追涨买入股票，主力拉抬容易，只需花费很少的资金就可以拉高股价；当大盘处于弱势阶段，连续拉升的股票很少，因为大盘走势不好，人气不旺，主力拉升付出的成本相当大，并且接盘者很少，高位出货不太顺利，所以大势走好时黑马股相对较多，大势处于下跌行情时黑马股几乎没有。

黑马股在大幅拉升时，通常会伴随利好消息出现，主力除了动用资金力量拉抬股价外，同时还要辅助相关利好题材，主力大量的货要在高位卖给普通投资者，如果没有好的题材，散户是不会轻易接盘的，一般出现大幅拉升的股票，往往会伴随相关利好题材出现，比如公司业绩提升、有重组消息和各种传闻等。

同时主力机构还会利用一些社会即时性热点的出现来快速拉升股价，比如甲流感爆发疫情，医药股疯狂上涨；国庆节时熊猫烟花被主力资金大肆炒作；奥运会召开时具有奥运题材的个股大幅上涨等等，这都是主力利用社会热点和人们买入热情高涨的时机来快速拉升股价。

技术面上，股价突破长期以来的盘整区域，股价形成上涨趋势，向上突破时成交量放大，此时由于主力吸筹充分，浮动筹码被有效清理后，股价蓄积了向上爆发的动力，只要大势背景良好，时机成熟，主力机构就会大幅拉升股价，在股价启动的初期是投资者买入的最佳位置。

1. 南宁糖业(000911)公司所属甘蔗行业是国家支持发展的产业，同时也是广西和南宁的支柱产业。公司是国内制糖行业最大的国有控股上市公司，主营机制糖、各类文化用纸、酒精、复合肥等产品的制造和销售，年产糖量约占全国食糖总量的5%。白砂糖、机制纸、食用酒精产品在市场上享有较高的声誉，国内众多知名饮料、食品生产企业均使用该公司的产品。

2006年底，白糖期货一路走高，公司业绩大幅提升，受此利好影响，潜伏其中的主力机构借机拉升股价，股价连续大幅上涨，同一板块的贵糖股份也表现不错（图6.1）。

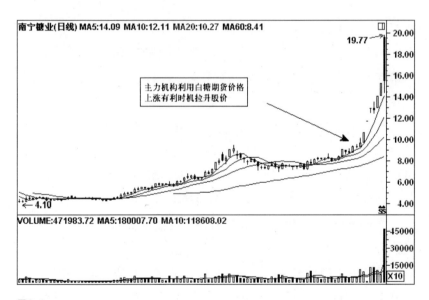

图6.1

2. 株冶集团(600961)公司是中国最大的锌及锌合金生产、出口基地之一，也是亚洲最大的湿法炼锌的企业之一，公司目前采用全球成熟、先进的湿法炼锌技术，生产基本实现了集上位机、现场仪表、测控设备于一体的过程自动化。

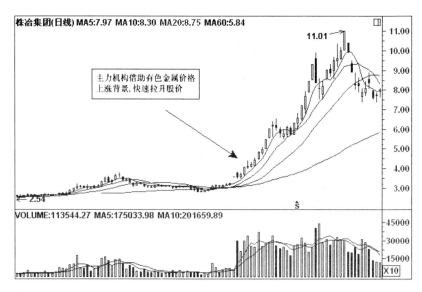

株冶集团(日线) MA5:7.97 MA10:8.30 MA20:8.75 MA60:5.84

主力机构借助有色金属价格
上涨背景,快速拉升股价

11.01

VOLUME:113544.27 MA5:175033.98 MA10:201659.89

图6.2

2006年初有色金属价格上涨,带动相关上市公司业绩大幅增长,潜伏其中的主力机构趁机拉抬股价,加上受利好刺激,大多数有色金属股疯狂上涨,如:驰宏锌锗、锌业股份、云铝股份等(图6.2)。

3.界龙实业(600836)公司以包装印刷为主业,地处上海,公司设立的合资公司上海龙樱是目前国内最大的专业制版公司之一,并收购上海界龙英商业表格和系统有限公司75%股权,完善资产结构。迪斯尼乐园计划落户上海浦东川沙地区,该地区发展将加快速度,土地价格持续上涨,公司拥有该地区数百亩土地资源,进行房地产开发资产升值。

迪斯尼乐园计划落户上海浦东川沙地区,该股主力机构控制股价在4元左右经过长时间盘整后,借助迪斯尼概念炒作,开始大幅拉升股价,股价连续走出5涨停板(图6.3)。

4.双良股份(600481)公司是我国中央空调行业的领先企业,主要产品有溴化锂吸收式制冷机、吸收式热泵等中央空调主机及末端产品。公司主导产品拥有自主知识产权,作为国内最大的溴化锂制冷机制造商之一,其产品具备节能环保优势。

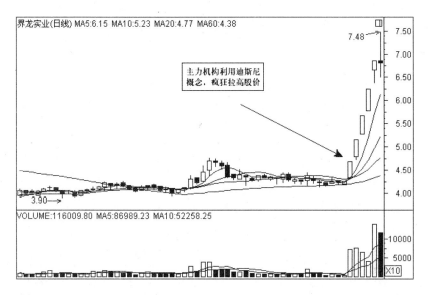

图6.3

该股经过长时间调整后，经过两次探底，随着大盘开始转好，该股小幅攀升，随后该股主力利用大盘走好时机开始拉升股价，伴随成交量不断放大股价走出翻番行情（图6.4）。

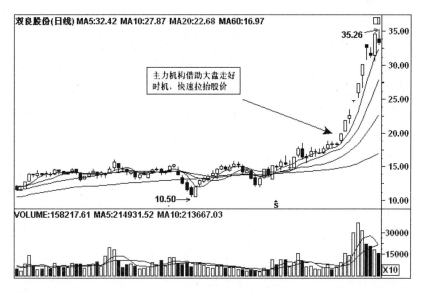

图6.4

第二节 黑马股出货时机

Section 2

　　主力机构投入大量资金运作一支股票进行吸筹、拉升的最终目的无非是为了能在高价位派发出货兑现盈利。虽然有些主力能在拉升过程中派发部分筹码，但大多数主力仍然会选择合适的时机在高价位进行派发，否则无法将账面的盈利兑现。

　　当个股的交易炽热，成交量大得惊人时，此时大部分投资者已被股价的大幅上涨激起亢奋的热情，头脑发晕，生怕自己赶不上末班车，失去理性的疯狂买入，此时股票的大幅拉升阶段也就快到头了，主力利用连拉大阳线的走势，吸引跟风盘介入，最后加速拉升的末期表现为成交量巨大、换手率高、股价出现滞涨迹象，盘中震荡幅度加大，K线组合上以方向不明的震荡形态来迷惑大多数的散户做出错误的判断，让散户习惯这种狂热的交易氛围，使其对股价的后续走势无法判定。

　　普通投资者买进后不赚钱是不会卖出股票的，有的投资者介入后被套，只要不再让他看到介入时的价位他是不会出来的，主力正好利用散户的这种心理，进一退二，边拉边撤。主力由于资金量大，在短时间内进出一支股票则会引起股价的相应涨跌，主力资金在出货阶段大量卖出股票，必然会反映在盘面上，由于主力短时间内大量卖出股票，买盘承接力度不足，供大于求，股价就会下跌，随着时间的推移，股价重心不断下移，股票的顶部形态就昭然若揭了。

　　顶部的形成往往伴随着两方面的因素，一个是政策面因素，如果股市涨幅过大，过于疯狂，国家为了确保经济的稳定性，就会出台利空政策，打压股市，此时股价由于受到恐慌性卖盘的打压，股价就会出现急跌，形成尖顶的概率比较大；另一个是技术面因素，由于主力机构手中持股数量较大，他必须在稳定股价的前提下，慢慢出掉手中的筹码，由于每个交易日卖出的筹码比较少，所以股价的出货阶段要持续很长一段时间，等主力出完货后，股价跌下来，股价的顶部才会真正示人。

在大牛市行情下，由于惯性思维的影响，投资者总以为股价回调后会在很短时间内重拾升势，再创新高，往往会认为每一次反弹，都是探寻底部成功的标志，每一次回调，都是低吸的好机会，于是这种心理被市场主力所利用，主力在不断给市场留下还能再创新高的假像中边拉边撤，普通中小投资者在不断抢反弹中层层吃套越陷越深。

1.民生投资(000416)公司主要从事商品零售业务，以及在公司股东大会授权范围内通过购买银行理财产品、基金、股票等利用闲置资金进行短期理财和委托贷款、购买信托产品等对外投资业务。

图中该股经过大幅拉高后，到达18.5元的高位，股价由启动初期算起总体涨幅已达300%，主力机构获利丰厚，在人们期盼股价还能继续创新高的美好愿望下，股价经过几个交易日的震荡，无力再创新高，主力机构开始大量卖出股票，导致股价出现连续暴跌行情。

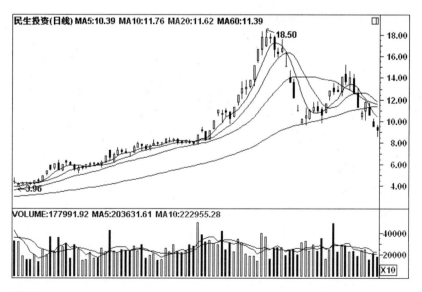

图6.5

当股价跌到10元附近时，股价展开小幅反弹，主力机构利用反弹的最后机会，卖出手中的剩余筹码，股价被巨大的卖盘打压，步入漫漫下跌之途。从图中我们可以看出，当个股在连续大涨时，股民的亢奋情绪被充分激发时，也是主力开始出货的时机（图6.5）。

2.乐山电力（600644）公司作为四川乐山地区集燃气、自来水和电力等生产和供应于一身的公用事业股，具备明显的区域垄断优势，供电是乐山电力最重要的利润来源。公司与天威保变共同投资组建的乐电天威硅业科技有限责任公司3000吨/年多晶硅项目前期在乐山高新区破土动工，标志着该项目正式进入建设期。

图中该股正处于拉升段，突遇大盘走坏，该股股价也跟着连续暴跌，股价反弹后，受卖盘的打压再次下跌，可见即使有主力的股票，在大盘走势转坏时，股价也随时有可能下跌，当股价开始下跌时，没有及时卖出的投资者就有可能被套在高位，投资者应时刻警惕股价突然下跌的风险，一旦走势转坏要迅速清空自己手中的股票，不要期望股价能反弹，给你出局的机会（图6.6）。

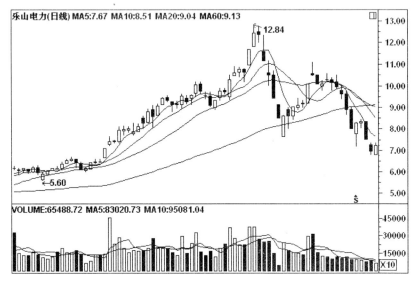

图6.6

3.大众交通（600611）公司是上海交通运输业的龙头，是上海市最大的出租车公司和第二大公交公司。公司整合原大众二汽、大众三汽、浦南大众组建上海大众公共交通有限公司，使公司成为上海公交行业拥有经营线路最多的公司，旗下拥有5600多辆公交车和8000多辆"大众"品牌出租车，占有上海出租车市场20-25%的份额，并始终在行业中保持领先地位。

从图中我们可以看出，该股主力持股仓位较重，主力机构利用股价长时间在高位盘整，来达到出货的目的。该股由10元开始启动，利用连续大涨的方式完成拉升段，股价连续的大幅上涨激发了投资者的买进热情，主力利用投资者的这种心理，在高位反复震荡，出掉手中的筹码，股价在20至25元的区域长时间震荡盘整。当主力手中的筹码卖出后，股价离大跌也就不远了（图6.7）。

4.恒生电子(600570)公司一直以来把"大金融"行业应用作为主要的发展方向，同时也是国内唯一在证券、期货、基金、银行、保险等所有金融分支有拳头产品和服务的IT公司。公司在大金融各领域的综合市场占有率处于绝对领先地位。

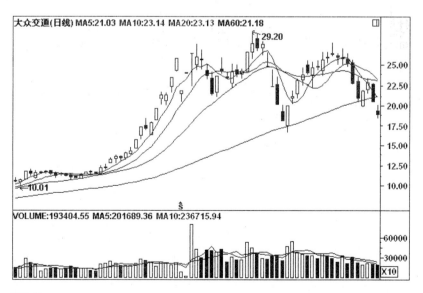

图6.7

　　图中该股走势比较经典，一个低位横盘，一个高位横盘，中间股价依托5日均线快速大幅拉升。在图中我们可以看出，16元区域的横盘是主力的吸筹区域，35元区域是主力的出货的区域。当股价经过连续大幅拉升创38.38元高价后，股价开始回落，回落到30元附近时止跌反弹，主力利用散户爱抢反弹的心理在35元的次高位展开长时间盘整，股价在不知不觉当中越跌越低，当主力机构完成出货任务后，股价出现大幅下跌走势（图6.8）。

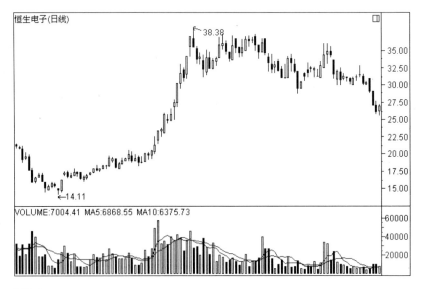

图6.8

第七章
Chapter 7

经典黑马股走势解析

第一节 旭飞投资

Section 1

　　旭飞投资(000526)公司主营业务房地产项目稳步发展，重组后业绩稳步向好，逐渐步入了良性的发展轨道。公司的"旭飞城市公寓系列"地产品牌影响力突出，公司在年报中披露，将充分利用资本市场融资功能，争取引进战略投资者投资或吸引集团注入优质资产，被誉为中国小户型第一品牌及投资型物业先锋，获得了中国(深圳)小户型成功经营模式的荣誉称号，品牌价值和市场影响力相当突出。

　　旭飞投资总股本9619.50万股，流通A股8018.12万股，每股净资产1.474元，历史最高价20.84元，历史最低价2.5元。

　　注册地址：厦门市湖里区寨上长乐路1号。

　　经营范围：对工业、商业、房地产业、文化行业的投资；房地产开发、经营；房地产经纪、代理；物业服务；海洋渔业；电子产品及通讯设备、仪器仪表、文化办公用机械及器材制造；代售车、船票；批发、零售工艺美术品、日用百货、金属材料、电器机械及器材、建筑材料、汽车零配件、计算机及软件、渔需物资、五金交电化工、塑料制品、橡胶制品、纺织品。

　　主营业务：房地产开发与经营、好时光酒店公寓经营管理以及好时光文化事业。

　　图7.1是旭飞投资的日K线走势图，图中我们可以看到，该股启动前，股价处于长时间震荡盘整的状态，成交量明显萎缩，主力机构利用长时间的震荡盘整来达到清理浮筹的目的，随着时间的推移，浮筹越来越少。2009年7月15日，一根放量阳线突破长时间的盘整区域，由于股价突然大幅拉升，获利盘开始抛售，股价回落，至收盘时收出了一根带上影线的阳线。虽然盘中有抛压，但股价已形成强势上攻态势，均线系统和各项指标走好，经过第二个交易日调整后，股价再次大幅拉升。

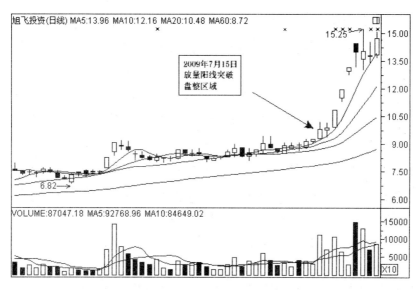

旭飞投资(日线) MA5:13.96 MA10:12.16 MA20:10.48 MA60:8.72

2009年7月15日
放量阳线突破
盘整区域

15.25

6.82→

VOLUME:87047.18 MA5:92768.96 MA10:84649.02

图7.1

随后股价停牌，8月18日公司发布重大资产重组进展公告：因公司控股股东深圳椰林湾投资策划有限公司正在与贵州永吉房地产开发有限责任公司筹划本公司重大资产重组事宜，公司股票于2009年7月21日起开始停牌。目前，公司以及有关各方正在积极推动重组各项工作，审计、评估机构正在抓紧对涉及重组事项的相关资产进行审计、评估，公司董事会将根据相关规定召开会议审议本次资产重组的相关议案。公司股票将继续停牌。

停牌期间，本公司将充分关注事项进展并及时履行披露义务，并按照中国证监会和深圳证券交易所的要求，每周及时发布一次相关事项进展情况公告。

重组公告一出，投资者也就明白了股价为什么会连续涨停，之前股价为什么会长时间震荡盘整，其实公司的重组消息，主力机构早已提前获知，提前吸纳筹码。该股自2008年10月29日创2.78元低点后，开始震荡盘升，其间主力机构一直在默默吸纳筹码。待重组公告发布之日，股价已大幅上涨，重组题材一直是市场中炒作的热点，只要和重组沾边，股价大多会出现快速上涨行情。

有知情人士透露，永吉印务借壳旭飞投资的计划筹备良久，并采用股权收购与定向增发相结合的方法降低重组难度与成本。

8月20日，旭飞投资披露重组预案，拟以全部资产与负债与贵州永吉房地产开发公司及贵州永吉印务公司其他股东持有的永吉印务100%的股权进行置换，差额部分由公司发行股份购买。重组完成后，旭飞投资将由一家房地产开发公司转型为从事烟标及高端印刷品为主的印务公司。

此前半个月，旭飞投资三股东珠海运盛与自然人史作敏签订了《股权转让协议》，将其持有的旭飞投资约620.45万股以12元/股的价格悉数出让，转让总价约7445.3万。时值旭飞投资停牌期内，筹备中重组计划已基本敲定，但三股东却将手中所持股票全部清空，溢价也仅为一成。

旭飞投资复牌及预案披露当天，又惊现370万股的大宗交易，转让方为国泰君安深圳海岸城海德三道营业部，受让方为方正证券贵阳中华中路营业部，成交单价仅11元，而当日公司股票以涨停报收，价格为11.96元。

据预案披露，截至2009年6月底，旭飞投资前十大股东持有股份在370万以上的仅4家，除了已转让股权的三股东，所在地在深圳的仅有大股东一家，其最有可能通过国泰君安深圳营业部出让公司股份。然而，且不论大股东曾在重组前大幅增持公司股权超过15%，即使再不看好后期发展，也不致在重组明确后第一天即以收盘价跌停的位置抛售股权，这在商业逻辑上无法说通。

只有一种解释，即旭飞投资诸股东早已与永吉印务商谈妥定，将定向增发与股权出让相结合，既降低重组成本，也规避其后可能出现的控制权争夺风险。而旭飞投资大股东愿意平价出售股权，最大的目的在于原亏损业务将被剥离给重组方，即自己不花一文便能享受重组后剩余股权的升值红利。

通过这些资料投资者可以清楚地看到，该股在重组方案公布前，已有知情者暗中吸纳筹码，重组消息公布前，主力机构便开始大幅拉高股价，迫使投资者高位追涨，一旦重组完成，股价随时有可能下跌，在高位买入的投资者面临被套的风险。投资者在遇到这种股票时，如果能在股价启动初期发现并跟进最好不过，如果错过了买入的最佳位置，面对股价的大幅拉升和重组消息要谨慎对待。

第二节 天业股份

Section 2

　　天业股份(600807)公司的主营业务以百货经营为主，在天业地产的绣水如意项目整体资产注入上市公司之后，公司的主营业务向盈利能力较强的"房地产＋商业"转型。公司借助控股股东在山东地产界的品牌、人才、资金及开发经验等优势，公司现在部分地区拥有多处土地及物业储备，集聚了一批较为专业的人才队伍，天业地产品牌影响力正日益增强。同时，公司项目所处区域的发展优势明显，公司业务集中于山东省内经济发达城市，居民购置能力较强，公司房地产开发业务进展顺利。

　　天业股份总股本16057.55万股，流通A股8202.33万股，每股净资产2.319元，历史最高价28.04元，历史最低价1.45元。

　　注册地址：济南市高新开发区新宇南路1号济南国际会展中心A区。

　　经营范围：日用百货、洗化用品、针纺织品、五金交电化工、服装、箱包、鞋帽、建筑及装饰材料、日用杂货、文体及办公用品、家电、电子产品、通讯产品、钟表眼镜、照相器材、家具、摩托车、钢材、商品房、汽车、烟酒糖茶、食品、饮料的销售；许可范围内的广告业务；柜台、房屋、设备出租；普通货物仓储；装饰装潢；画廊；美容；餐饮。

　　主营业务：商业零售兼批发。

　　图7.2是天业股份的日K线走势图，图中该股在启动前长时间处于盘整的状态，股价走势呈一字形，在盘整期间，成交量时高时低，回调时明显缩量，明显有主力机构潜伏其中。股价经过长时间

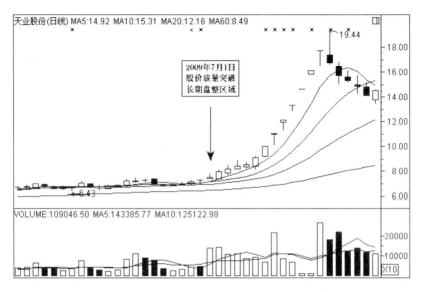

图7.2

盘整后，该股于2009年7月1日开始向上快速拉升，同时成交量迅速放大，股价突破长期以来的盘整区域，此时对于投资者来说，一旦发现股价走势出现异动，应及时跟踪和关注，寻找好的买入机会。

股价突破盘整区域后，连续几日小幅拉升，同时成交量也呈温和放大迹象，随着股价趋势走好，主力机构开始大幅拉升股价，股价连续涨停。图中我们可以看到，随着股价不断涨停，成交量越来越小，说明市场浮动筹码越来越少，主力机构持股比例较高。

经过数个涨停板后，普通投资者在还期待更多个涨停板出现时，该股却突然停牌，并发布了停牌公告。

公告内容：天业股份重大事项进展公告，因筹划相关资产收购事宜，该事项预计将构成重大资产重组，本公司于2009年7月20日发布了《山东天业恒基股份有限公司重大事项暨停牌公告》，于2009年7月27日、8月3日、8月10日发布了《山东天业恒基股份有限公司重大事项进展公告》，已按有关规定停牌。现因相关程序正在进行中，鉴于该事项存在不确定性，公司股票将继续停牌。停牌期间，公司将充分关注事项进展并及时履行披露义务，每周发布一次事件进展情况公告。待有关事项确定后，公司将及时公告并复牌，敬请各位投资者谅解。

公告一出，投资者就明白了股价为什么在低位长时间盘整，而后又大幅飙升的原因。提前知道公司重组消息的主力机构早已埋伏其中，待重组消息公布时，股价已大幅上涨。

然而到了2009年8月24日，公司又刊登股票交易异常波动公告：山东天业恒基股份有限公司股票连续三个交易日收盘价格涨幅偏离值累计超过20%，属于股票交易异常波动。

经核实，截至目前，除已披露的有关事项外，近期公司经营情况没有发生重大变化，公司控股股东山东天业房地产开发集团有限公司及实际控制人到目前为止并在可预见的三个月内，不存在应披露而未披露的重大信息，包括但不限于所持公司股权转让、非公开发行、债务重组、业务重组、资产剥离或资产注入等重大事项。

董事会确认，除公司向特定对象发行股份购买资产暨关联交易相关公告内容外，公司没有任何根据有关规定应予以披露而未披露的事项或与该事项有关的筹划、商谈、意向、协议等信息。

含糊其辞的公告，令普通投资者不明就里，不知是真重组还是假重组，然而股价却大幅上涨冲高到19.44元，然后股价开始回落。认为公司要重组，在高价位买入的投资者被牢牢套住，前期介入的主力机构趁机出逃。普通投资者对已经大幅飙升的股票伴随有关重组消息时要提高警惕。

第三节 锦龙股份

Section 3

锦龙股份(000712)公司涉足房地产开发、牛仔布的生产销售、自来水生产和供应等业务，同时公司还参股证券公司。在剥离房地产业务、并完成对东莞证券40%股权的收购之后，公司已形成了以自来水和投资参股证券公司为主的经营格局，盈利模式清晰。

锦龙股份总股本30462.30万股，流通A股19097.43万股，每股净资产1.859元，历史最高价42.97元，历史最低价3.06元。

注册地址：广东省东莞市南城区鸿福路106号南峰中心第十二层。

经营范围：染织，化纤长丝生产，房地产开发。

主营业务：房地产开发、牛仔布的生产销售及自来水的生产和供应。

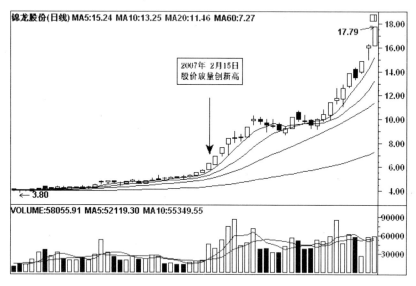

图7.3

图7.3是锦龙股份的日K线走势图，图中我们可以看到，该股在启动之前，股价走势一直处于小幅震荡盘升的状态，均线系统由胶着状态逐渐开始向上发散，成交量一直处于萎缩状态，在股价启动前的几个交易日尤为明显。随着股价走势趋好，主力机构开始向上拉升股价，股价于2007年2月15日放量创新高，成交量较前几日明显放大，上涨空间被打开，主升浪正式开始。

随后的几个交易日股价连续大幅拉升，中间虽有小幅调整，但经短暂调整后股价再创新高，一直到10元的区域，由于股价连续大幅的拉升，在底部区域介入的获利盘开始卖出股票，股价的抛压加大，在图中可以看到，股价在10元的区域强势震荡盘整了12个交易日，其间成交量较前几日明显缩量，说明筹码还是比较稳定，主力的目标位还没有达到，主力资金没有大量卖出股票，其间卖出的部分主要为中小投资者。

股价经过强势调整后，短线获利筹码被充分消化掉，散户浮动筹码得到充分换手，场外的新资金开始进场，主力机构顺势大幅拉升股价，于3月28日股价再次放量拉升，突破前几个交易日的盘整状态，股价不断创出新高，均线系统呈多头排列。受2007年大牛市的影响，该股连续大幅拉升，股价于2007年6月22日最高冲至40.51元开始回落，股价由启动初期的6元整体涨幅达400%以上(图7.4)。

当然大牛市背景是该股走好的主要原因，其间主力机构的大幅拉升是股价疯狂上涨的原动力，作为普通投资者，在实盘操作中一旦遇到类似的这种机会，应果断把握住股价启动初期的介入时机。

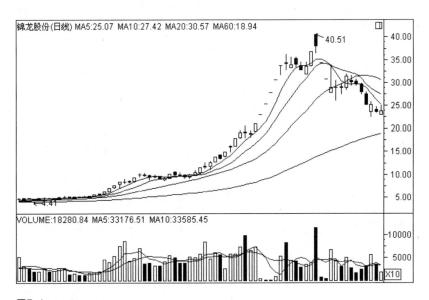

图7.4

第四节 双钱股份

Section 4

双钱股份(600623)作为主营轮胎业务的上市公司,部份规格品种较为齐全,随着产能的不断扩张和市场的拓展,业绩增长预期相对明朗。国内轮胎行业备受关注,公司近年来产能保持较快扩张,加快重庆和如皋公司建设,2010年全钢工程子午线轮胎产能有望在全球领先。公司有包括申万证券、上海国际信托投资公司和交通银行、锦江股份在内的多笔股权投资,具备较好的增值获利空间。

双钱股份总股本88946.77万股,流通A股64048.75万股,每股净资产1.923元 ,历史最高价240元,历史最低价2.67元。

注册地址:上海市四川中路63号。

经营范围:轮胎、力车胎、胶鞋及其他橡胶制品和前述产品的配件、橡胶原辅材料、橡胶机械、模具、轮胎橡胶制品钢丝。

主营业务:汽车轮胎的生产和销售。

图7.5是双钱股份启动初期的日K线走势图,股价启动前一直

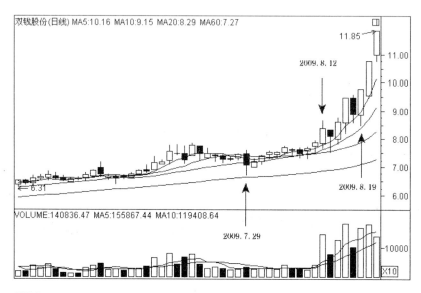

图7.5

在6.5元至8元一带上下震荡盘整，成交量伴随股价的调整，呈萎缩状态，均线系统胶着在一起。2009年7月29日的调整阴线没有击穿60日均线，随后股价趋势开始走好，8月12日一根放量阳线突破长期以来的盘整区域，拉开股价涨升的序幕。然而第二天股价却低开向下打压，探至20日均线开始回抽，至收盘时收出一根带长下影线的阴线，但股价强势特征未变，当日成交量比前一日明显萎缩。

主力机构在拉升股价的初期，经常伴随洗盘动作，目的是清理在低位区域跟进的普通投资者，获利的短线筹码抛出后，被新进入的散户资金接手，从而完成筹码的换手动作，实现散户的筹码成本上升，这样有利于主力机构拉升股价，不至于在拉升途中抛压过大，造成拉升成本过高。从图中我们可以看出，主力机构在完成洗盘动作后，见浮动筹码并不多，随后股价经过短暂调整一天后，再次强势上攻。

在8月18日开盘后，主力机构迅速打压股价再次洗盘，介入其中的普通投资者不明白股价为什么下跌，一部分短线投资者一见股价没有再创新高就卖股走人了，主力机构利用股价的大幅下跌达到清理跟风盘的目的，8月19日股价探底后，迅速回升，创启动以来的新高，在主力洗盘阶段出局的投资者被骗，如果再想介入不得不高位回补仓位，但投资者如果追高买入的话又面临股价回调的风险。

此时作为普通投资者来说，一旦确定股价是真正拉升，就不要犹豫不决，要果断买入，此时介入的风险较低，不要前怕狼后怕虎，看到股价涨了，后悔没有早点介入，希望股价再次回落趁低点介入，此时投资者的贪便宜心理就在做祟了，总想买个最低价。然而大多数股票一旦启动，往往短时间内迅速拉升，根本不给你低位买入的机会，一旦错过了最佳买入时机，要想买入只能追高，然而追高就有风险，就看你敢不敢了。

图中可以看到，股价经过调整后，连续大幅拉升，不断创新高，根本没有给普通投资者低位回补的机会；这就是主力操盘的手段，利用股价大幅上涨，刺激普通投资者的追涨意愿，股价刚开始

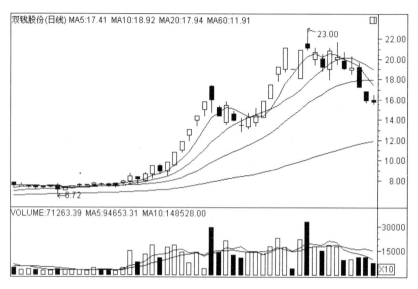

图7.6

涨时，你如果不敢买，股价第二天还涨，甚至连续上涨，看你买不买，好多投资者在股价启动初期不敢买，然而股价在大涨几天后，却敢买了，其实是受股价暴涨的诱惑，认为股价还会继续大幅上涨，心存侥幸心理，丝毫没有意识到股价调整的风险意识。

图7.6，股价由8元开始启动，经过连续大幅拉升，此时场外观望的投资者的热情被充分激发，后悔自己没有早点买入，看到股价不断涨停，终于忍不住出手了，2009年8月27日股价以涨停板开盘后，大量获利盘开始回吐，股价迅速下跌，当日成交量迅速放大，可以想象当日买入的投资者有多少，股价当日经过大幅震荡后收出了一根带长下影线的阴线，当日介入的投资者大多被套，从走势来看，股价在大涨后，突然下跌，风险是极大的，第二日及以后的多个交易日股价走坏的概率极大。

8月28日股价延续昨日的跌势，受恐慌性卖盘的打压，股价低开后下跌，前一日介入的投资者根本没有机会出局，只能任人宰割，股价连续调整4个交易日后，股价才止跌回升，一部分害怕股价继续下跌的投资者忍受不了就割肉出局了。股价经过调整后，受主力资金的推动继续大幅拉升，主力机构利用股价的大幅上涨吸引普通投资者跟风买入，从而达到顺利出局的目的。

股价在9月16日创23元高点后，开始回落，当日成交量迅速放大，说明主力资金急于出逃，利用普通投资者还没有明白过来的时机，开始大量疯狂卖出股票，普通投资者还在期待股价继续上涨时，没有想到主力机构在悄悄出货，随着主力机构大量卖出，股价上涨乏力，经过几个交易日的抵抗后，股价跌破高位盘整区域，呈现顶部形态，关于股价顶部形态的研判我在《K线形态实战技术》一书中有详细介绍，股价一旦出现顶部形态，说明股价的走势下跌的概率较大，投资者不要再盲目介入，在股价的顶部区域介入的投资者被套的概率很大。

对股价走势有明确认识的投资者在股价无法再创新高时，已分批卖出股票，获利出局，这就是为什么同一只股票，有人赚钱，有人会亏钱的原因；缺乏股票操作知识的投资者，见到股价大涨后，盲目买入，也不管股价在什么位置，股价前期涨幅有多大，买入后亏损成为必然；而对股票走势有深刻认识的投资者在股价启动初期跟进，股价走势转坏时卖出，获利是很可观的，就拿本例来说，投资者在股价启动初期8元左右介入，到第一个调整的区域卖出，16元左右出局，还有100%左右的获利，收益可观。

第五节 古井贡酒

Section 5

古井贡酒(000596)公司主营的古井贡酒是国内知名白酒品牌，随着白酒行业提价的消息刺激，酒类股有所走强。近两年公司经过一系列的股权转让，业务进行了结构性的调整，集资产重组等概念于一身。

作为老八大名酒之一，公司的基础很好，在新领导班子的带领下，公司调整产品结构，压缩产品数量，组成了由年份原浆酒、古井贡酒、古井酒覆盖的高、中、低端系列产品，清晰简洁，使公司高端产品在销售占比进一步提高，进而优化了公司的产品结构。

古井贡酒总股本23500.00万股，流通A股17499.78万股，每股净资产2.9元，历史最高价34.44元，历史最低价2.26元。

注册地址：安徽省亳州市古井镇。

经营范围：生产与销售白酒、啤酒、葡萄酒、果蔬酒；酿酒设备、包装材料 、玻璃瓶，酒精、二氧化碳、饲料、食品、油脂、饮料；高新技术开发、生物技术开发、销售自产产品、农副产品深加工等。

主营业务：古井、古井贡、老八大和野太阳品牌及其系列酒的生产和销售。

古井贡酒是国内知名白酒品牌，图中该股启动前，股价一直在低价位长期徘徊，股价低，基本面良好，流通盘适中，股价上涨空间极大，有可操作空间。这种股票通常很容易进入主力机构的操作目标，对于普通投资者来说，其基本面好、股价低，也是投资者的首选品种，一旦大盘开始走好，股价很容易涨上去，投资这种股票，即使股价短时间涨幅不大，但对于中长期投资者来说

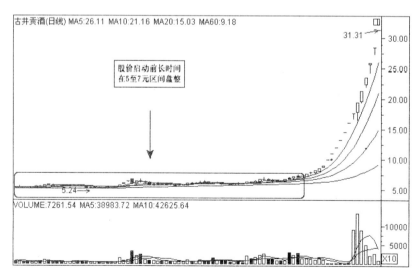

图7.7

风险极低。

图中我们看到股价启动前一直在5元至7元区间震荡盘整，成交量一直处于萎缩状态，主力机构常常利用这种走势悄悄吸纳筹码，一旦完成吸筹任务后，时机成熟就开始发动上攻动作。

经过长时间震荡盘整后，主力机构达到了控盘的目的，股价走势开始转好，股价重心不断上移，均线系统由杂乱的胶着状态开始向上发散，经过连续三个交易日跳空高开洗盘，成交量迅速放大，低位介入的跟风盘被有效清理掉，股价经过调整后，连续创出新高，突破长期以来的盘整区域，展开上攻动作（图7.8）。

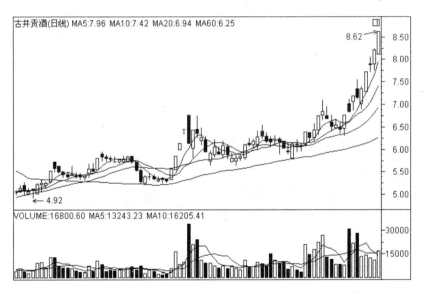

图7.8

受大盘走好之机，该股以连续涨停的方式完成拉升段，16个交易日内涨至34.44元高点，涨幅达280%，在低位买入并一路持股的投资者获利丰厚，2007年7月10日，股价以涨停价开盘后，主力机构资金开始大量出货，股价迅速下跌，当日成交量迅速放大，换手率达47.39%，主力机构利用投资者追涨的热情，疯狂抛售股票，当日盘中震荡幅度极大，主力资金出逃迹象明显。由于股价的急速杀跌，股价连续两个交易日跌停，在7月10日追高买入的投资者被一网打尽，此后主力机构一直控制股价在次高位25元左右震荡出货，经过漫长的高位横盘后主力机构才出掉手中的筹码（图7.9）。

从图中我们可以看出，股价在经过连续大幅上涨后，普通投资者不要受股价暴涨的诱惑而盲目介入，一旦在高位介入，股价下跌被套的概率是极大的。

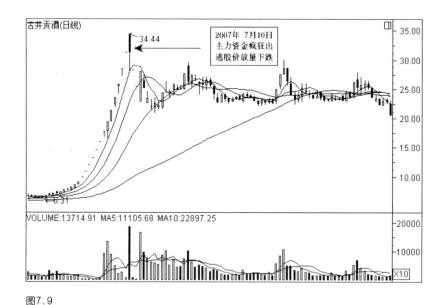

图7.9

第六节 三普药业

Section 6

三普药业(600869)公司是青海省唯一一家中藏药上市公司，随着医改的推进，优质医药企业面临发展机遇。公司近几年重点放在产品生产与销售环节的投入上，在生产领域保证质量。公司在青海省西宁市大通县宝库乡建立了中藏药种植实验基地——药材资源储备基地(GAP种植基地)，种植着公司产品所需的藏茵陈、花锚等藏药材。

GAP种植基地的建成，一方面缓解了企业所需的动植物资源，另一方面也用科技含量高的规模化种植取代野外采集。三普将公司定位在一个以青藏高原独特资源为基础的制药企业，加大产品品牌推广力度力争创造民族医药第一品牌，使藏成药生产实现程控化，检测自动化，输送管道化，包装机械化，使藏成药生产能够形成规模，满足国内医药市场的需求。

三普药业总股本12000.00万股，流通A股12000.00万股，每股净资产0.518元，历史最高价25.7元，历史最低价2.14元。

注册地址：青海省西宁市建国路88号。

经营范围：研制、生产、销售胶囊剂、丸剂、颗粒剂、口服液、片剂、煎膏剂、酊剂、保健品、三普牌好血胶囊、三普牌红景天胶囊；收购、种植、加工中药材、藏药材。

主营业务：医药工业和医药商业。中藏成药、保健品的生产销售；中西药品、医疗器械批发与零售等。

图7.10是三普药业的日K线走势图，图中该股启动前经过两波

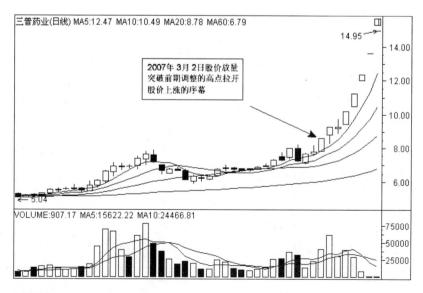

图7.10

调整，主力完成建仓任务，主力机构在投入相当大的资金完成建仓操作后，为了获利只有向上拉高股价，前期准备工作做得再好，如果不能拉升股价实现顺利出货，坐庄则会失败，因此主力建仓完毕后，首先考虑的是如何将股价与自己的仓位成本区之间尽快拉开一定的距离，以便今后顺利地完成出货工作。

主力控制股价在7元左右震荡整理洗盘数日后，开始启动股价，股价于2007年3月2日放量突破前期调整的高点，拉开股价上涨的序幕。一般情况下，如果主力拉升时机成熟，浮动筹码被有效清理后，主力不会让股价在低位做过多停留，主力资金充足的话，会以连续大幅上涨的走势拉升股价，短期涨幅巨大。作为参与者，从心理上来说，有一个恐高心理，而不敢介入追涨，总想等股价低了再介入，而此时，股价再也不会回到低价区了，使绝大部分散户踏空行情。所以虽然多数股票拉高时涨幅很大，但赚到的人却非常少，普通投资者不能有效识别这种机会，发现这种机会后没有胆量参与是让机会擦肩而过的主要原因。

作为持股者，在股价上涨趋势完好，没有卖出信号之前，可以安心持股待涨，不要为了眼前一点蝇头小利而失掉后面大部分利润，要有敢于赚大钱的气魄。

投资者买股票关键是要抓住个股启动初期的介入时机，果断杀入，决不手软。有的投资者看到某只股票有启动迹象，却将信将疑，待股价已迅速攀升了一大截后再去追高，结果错过了最佳买入时机，增加了成本，同时也增加了持股风险和以后的出货难度。股票启动后，上涨速度非常快，有的根本没有回调的机会，使大部分投资者踏空行情。假如介入后，只要股票走势正常，不要轻易将股票卖出，如果个股走势没有出现见顶迹象，投资者就可以顺势持股待涨。本例中股价由8元开始启动拉高至23.8元，整体涨幅达170%，在底部区域介入的投资者获利丰厚。

一只长期盘整的股票，一旦启动，往往涨幅惊人，实际操作中，一只股票的涨幅，往往超出我们的想象，由于涨幅巨大，持股心理也会发生变化，会担心股价下跌，一般炒股新手在股价上涨超

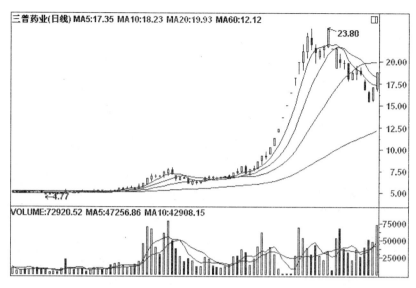

图7.11

过30%就会拿不住，卖出后股价还在连续上涨，踏空行情。如果经不住股价继续上涨的诱惑，等你再买回来，股价差不多已到了顶部，介入风险很大，一旦股价下跌，前期赚的盈利也会回吐出来，得不偿失。本例中股价最高涨至23.8元后，股价第二天突然跌停，随后几个交易日股价展开大幅下跌行情，在高位追进的投资者被套（图7.11）。

第七节 白云山A

Section 7

　　白云山A(000522)公司是最早在国内树立药品制剂品牌的公司之一，其品牌的知名度和美誉度一直位于医药行业的前列。经过多年的发展，目前白云山属下共有11家制药生产企业，并已全部通过了国家GMP认证；公司以制药为主业，主要业务包括研制、开发、生产和经营多种剂型的中西成药、化学原料药、外用药、儿童药、保健药等系列药品，拥有药品批文1700多个，有几十个品种的生产销售规模在全国制药行业中处于领先地位。

公司已有头孢曲松钠原料药、阿莫西林、清开灵、一力咳特灵、复方丹参片、阿咖酚散、板蓝根颗粒、注射用头孢硫脒等八个系列品种销售额超亿元。

白云山A总股本46905.37万股，流通A股46902.98万股，每股净资产1.848元，历史最高价18.5，历史最低价2.23元。

注册地址：广东省广州市白云区同和街云祥路88号。

经营范围：研制、生产、销售中西成药、化学原料药、外用药、儿童用药、保健药；提供证券投资、物业开发、产品开发、技术改造信息咨询服务；计算机软件开发、房地产中介服务、信息服务、技术服务；生产二类临床检验分析仪器及诊断试剂；一类医用冷疗、低温、冷藏设备及器具、特殊营养食品生产、销售。

主营业务：各种中西成药，包括针剂、片剂、冲剂、口服液等各类药品的生产制造、批零销售；房地产开发、汽车修理服务等。

图7.12中我们看到，该股启动前股价跌破前期盘整平台，在

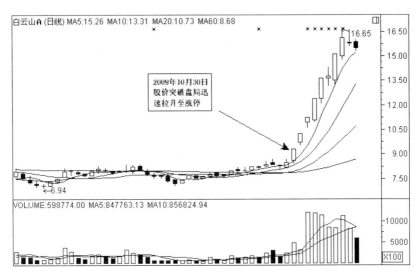

图7.12

6.9元至前期盘整平台的下沿8.3元之间上下震荡，随后股价经过一段时间小幅盘升，于2009年10月30日放量突破前期盘整平台，股价迅速拉升至涨停，随后几个交易日股价连续涨停。

公司作为我国著名的大型中医药企业，是全国最大的板蓝根生产基地，板蓝根销量占到了全国市场的60%左右。独家产品还包括脑心清、中长链脂肪乳、胃康U、福林泡腾片等。公司主力拳头品种成长迅速，目前已有复方丹参片、阿莫西林胶囊、清开灵系列产品以及中长链脂肪乳注射液系列产品等七个系列品种，销售超亿元。

2009年11月4日白云山A公布股价异常波动公告：白云山A股票价格于2009年10月29日、30日和11月2日连续三个交易日内收盘价格涨幅偏离值累计达到20%，根据有关规定属于股票价格异常波动。

关于"磷酸奥司他韦"仿制药品"福泰"的研制情况如下：

（1）2005年底禽流感疫情时期公司开始了磷酸奥司他韦及其胶囊（达菲）的仿制，成功研制出合格的磷酸奥司他韦原料及胶囊，目前已完成该项目的产业化研究。

（2）鉴于当前"甲流"疫情防控十分紧迫，公司分公司广州白云山制药总厂已向国家食品药品监督管理局提交了"提前受理我厂仿制磷酸奥司他韦原料及胶囊的注册申请"的报告，希望启动绿色通道提前批准生物等效性试验，但目前没有获得答复。

（3）该产品从等效性实验到申请生产批文再到批量生产、上市销售等环节均存在不确定性。

关于公司拥有土地情况：公司及公司控股子公司现拥有土地面积约合1300亩，其中约1000亩土地位于白云区；另300亩土地为2001年重组置换进入公司的子公司拥有，分散于广州市其他区域。受广州市城市规划及工厂产能限制影响，部分控股子公司将陆续迁出城中心区域，公司已在着手对该部分工厂搬迁及土地处置问题进行研究。目前无明确的搬迁时间表和土地处置方案，也无法预测该等事项对公司的影响。

近期公司生产经营情况正常，内外部经营环境未发生重大变化。公司生产的抗感冒抗病毒药品板蓝根颗粒、清开灵系列等产品受甲流疫情影响，销售量增长较快，但由于公司生产的品种门类众多，该等产品销售的增长对公司整体业绩影响不大。

经董事会确认，公司目前没有任何应予以披露而未披露的事项或信息。

由于公司已经成功研制出磷酸奥司他韦及其胶囊，该药品是抗甲流特效药"达菲"的仿制品，由于市场炒作"甲流"概念的热情升温，主力机构顺势拉升股价，白云山A10月30日至11月3日连续出现三个涨停。该股在11月3日涨停的同时，全日成交额约13.50亿元，全日成交量约12082万股，双双刷新其上市以来的历史纪录。

由于白云山A10月29日至11月2日连续三个交易日内收盘价格的涨幅偏离值累计达到20%，属于股票价格异常波动，该股11月3日上午曾被停牌一小时。但在10点30分复牌后，随着各路资金蜂拥买入，该股的成交量急剧放大，经过半个多小时的震荡整理，该股

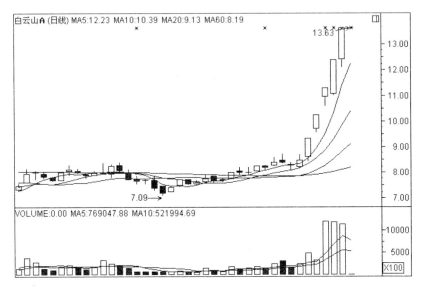

图7.13

10点57分又被封上涨停，虽然此后涨停板几次被打开，但该股依然经受住了考验，并最终以涨停报收（图7.13）。

第八节 西藏矿业

Section 8

西藏矿业(000762)公司主营铬铁矿开采和销售，铬铁合金的加工与销售，铜矿的开采与加工，金矿的开采。铬铁矿是我国的短缺矿种，西藏铬铁矿资源丰富，质量上乘，铬铁矿保有储量名列全国第一，占全国总储量的40%左右，国内直接入炉冶炼铬铁合金和用于铬盐化工的富矿都集中于西藏。

西藏矿业总股本27570.13万股，流通A股22674.53万股，每股净资产2.144元，历史最高价38.2元，历史最低价3.32元。

注册地址：西藏拉萨市扎基路14号。

经营范围：铬矿、硼矿、铅锌矿、锡矿、锑矿、高岭土、铜矿、金矿、锂矿的开采及销售；铬矿深加工及销售；仓储及运输；锰矿、钒矿、铝矿、镁矿、钼矿、钾矿、钨矿开采及销售；纺织产品、土畜产品、中药材、糖、酒、副食；运输设备的销售；自营产品进出口贸易；固体矿产勘查、工程施工；小型矿山设计及矿业技术咨询。

主营业务：铬铁矿开采和销售，铬铁合金的加工与销售，铜矿的开采与加工，金矿的开采。

图7.14是西藏矿业的日K线走势图，图中股价底部呈头肩底的走势形态，股价于5.25元见底回升，在前期调整的区域展开长时间的震荡盘整，主力机构在这一区域吸纳筹码，成交量明显比前一段时间放大，股价重心不断上移。

主力在完成吸筹任务后并没有直接启动股价，而是挖了一个坑，股价跌破前期吸筹的盘整区域，来达到洗盘的目的，清理在主

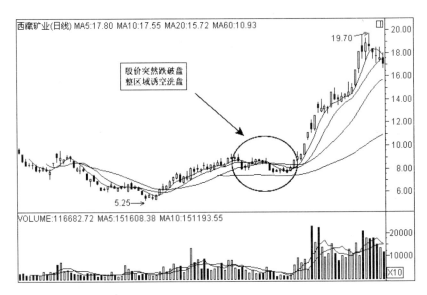

股价突然跌破盘
整区域诱空洗盘

西藏矿业(日线) MA5:17.80 MA10:17.55 MA20:15.72 MA60:10.93

19.70

5.25→

VOLUME:116682.72 MA5:151608.38 MA10:151193.55

图7.14

力吸筹时跟进的普通投资者，一部分短线资金见股价下跌了，通常会卖出股票止损，我们看到坑的底部区域成交量极小，说明卖出的资金比较少，浮动筹码被有效清理后，股价才开始启动，突破坑的上沿盘整平台。此时股价放量突破前期调整的平台，是普通投资者最佳的买入机会，投资者一旦发现这种机会，要及时跟进，不要错过，出现这种走势，股价继续上涨的概率较大。

而在股价下跌时止损的投资者被骗出局，错失了股价大涨的机会，不仅没赚到钱，还亏了点。所以说投资者在买入股票前一定要详细研判，买入后不要轻易止损，今天损失点，明天损失点，时间长了就会出现大亏损。看到股价下跌了，也不要盲目割肉止损，要分析股价下跌原因，以及股价所处的空间位置是主力拉升前的洗盘还是股价见顶回落，如果是主力拉升前的洗盘动作，投资者此时一定要耐心持股，无论主力机构怎么震仓，自己要有信心，不要轻易被主力甩出局。

主力机构在完成洗盘动作后股价开始启动，一路震荡盘升，均线系统呈多头排列，股价依托5日均线上行，冲高到19元以上后股价上冲的能量明显不足，几次试图向上突破都无功而返，最高上探19.7元后股价开始震荡下跌，此时股价走势出现危险信号，面对这种情况，投资者要提高警惕，及时止盈，避免股价下跌盈利回吐。

第九节 中孚实业

Section 9

中孚实业(600595)公司主营业务为电解铝的生产和销售；中孚实业拟以现金26600万元收购林州市林丰铝电有限责任公司100%的股权。林丰铝电现有电解铝产能11万吨，装机容量110MW，电工圆铝杆产能3万吨，铝合金棒产能3万吨。

中孚实业总股本65725.56万股，流通A股45725.55万股，每股净资产3.941元，历史最高价75.6元，历史最低价3.02元。

注册地址：河南省巩义市新华路31号。

经营范围：电解铝及型材系列的生产、销售；发电，城市集中供热；经营本企业自产产品及相关技术的出口业务；经营本企业生产、科研所需的原辅材料、机械设备、仪器仪表、零配件及相关技术的进口业务和"三来一补"业务等。

主营业务：电解铝的生产和销售。

图7.15是中孚实业的日K线走势图，股价启动前一直在10元左右震荡盘整，均线缠绕在一起，经过长时间盘整后，股价于2009年7月15日放量拉升，突破长期以来的盘整区域，均线系统开始走好，呈向上发散状态，此时是投资者最佳的买入位置，有些投资者可能认为股价当日涨幅太大，而不敢买入，害怕买入后股价回调被套，其实这是普通投资者的错误认识。主力机构经过长时间地震荡建仓，目的就是拉高股价实现盈利，股价前期经过长时间震荡盘整，没有再创新低，并且股价走势开始转好，趋势向上，虽然当日涨幅较大，但此时还处于股价的启动初期，买入后，股价上涨的概

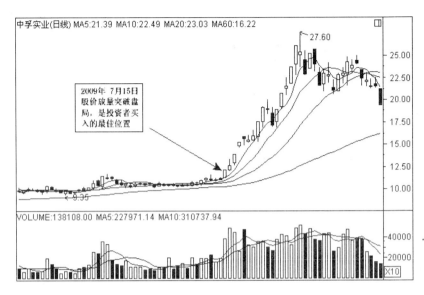

图7.15

率很大，风险相对来说是很小的，投资者不要因为害怕股价涨得过高过快而错失买入良机。

　　黑马股一旦启动，股价的涨幅都很大，并且涨速很快，有些个股一、两个星期的交易时间股价就有可能翻番，所以中小投资者如果错过了股价启动初期的买入机会是很可惜的，同时也要考虑到股价大幅涨升后的风险，不要因为看到股价大幅上涨而后悔自己没有早点介入，此时要保持理性，不要被股价猛烈的涨幅引诱而头脑发热高位追涨。股价在经过连续大幅拉升后，累积的获利盘是巨大的，一旦股价不能维持继续上涨，大量卖盘涌出，股价就会出现急跌，此时在股价大涨后介入的投资者则面临股价下跌的风险，一旦股价下跌，下跌多长时间，跌到哪，能不能反弹，这些都是未知数，如果盲目追高买入，后果是很惨的。

　　有些投资者可能会说了，我经常在股价大涨后买入，而且还赚钱了，首先我恭喜你，你很幸运，其次是大盘走好，帮助了你，最后我要警告你，如果你一直这么操作下去，总有一天会被牢牢套住的。有些投资者可能又会说，套住咱也不怕，割肉呀，割掉肉就套不住啦，这是大多数投资者炒股的真实写照，买入股票后，被套，被套后就割肉，试问你的资金够割几回的，经过连续几次的割肉，你的自信心足以受到致命的打击，对股票产生畏惧心理，更严重的有可能导致心理崩溃，此时就不只是资金的损失了，而是你彻底被股市击败了。

我们回到图例来说，中孚实业股价启动后，经过连续大幅拉升，股价于7月28日、29日经过连续两天调整后，再次放量上攻，股价上涨过程中成交量不断放大，主力机构正是利用股价的大幅上涨，刺激普通投资者的买入激情，从而趁机出货，从图中我们可以看到，股价冲高至27.6元后开始下跌，成交量一直在放大，说明主力资金出逃的意愿坚决，同时普通投资者的接盘也比较踊跃，股价在经过16个交易日的震荡后于8月31日下跌，跌破顶部区域，那些在顶部区域介入的投资者被牢牢套住。

而对在股价见顶后及时卖出的投资者来说，获得了丰厚的盈利，股价由启动初的11.3元涨升至27.6元，股价总体涨幅达120%。

第十节 六国化工

Section 10

六国化工(600470)公司是磷酸二铵行业龙头，公司60万吨/年磷酸二铵三期技改项目已基本建成投产，2008年公司累计生产高浓度磷复肥104万吨，产品实物量首次突破百万吨大关。公司从国外引进的第一套大型磷酸二铵生产线，已形成自己独特的生产工艺。公司拥有国内生产能力较大的12万吨大型国产化磷酸装置，与同规模进口设备相比总投资节约上亿元。

六国化工总股本22600.00万股，流通A股22600.00万股，每股净资产4.796元，历史最高价23.88元，历史最低价4.95元。

注册地址：安徽省铜陵市铜港路。

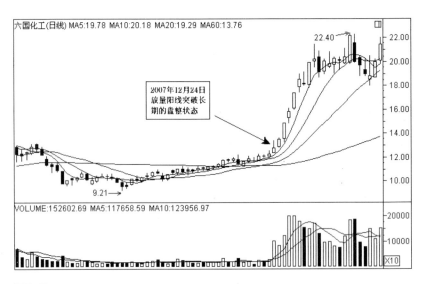

图7.16

经营范围：化学肥料、磷石膏生产、加工、销售；自产产品的出口；公司所需的机械设备、零配件、原辅材料及技术的进出口。

主营业务：化学肥料、磷石膏生产、加工、销售。

该股是一个经典的黑马股走势案例，股价启动前长时间在11元左右震荡盘整，每日的涨跌幅度都不大，成交量一直处于萎缩状态，均线系统缠绕在一起，随着长时间的调整，股价重心开始不断抬升(图7.16)。

2007年12月24日一根放量阳线突破长期以来的盘整状态，均线系统也开始呈向上发散状，股价走势形成涨升趋势，此时是投资者极佳的买入点位，在股价启动初期介入是最安全的，只有保证资金的安全才能够实现稳定盈利。有些投资者出现亏损，买入的位置不对是主要原因，股价刚启动时，投资者不敢买或者是没有经验发现它是一只好股票，等股价涨上来了，已经几个涨停板了，才发现这是只好股票，于是急急忙忙追涨买入。

等你买进去后，股价由于涨幅较大出现了下跌，这么一跌你不知它是洗盘还是见顶，心里没有底，害怕股价继续跌，听别人说不是要及时止损吗，那就止损吧，一刀下去，辛辛苦苦赚来的银子没了，这就是我们常说的追涨杀跌，投资者长期这样操作下去，今天亏点，明天亏点，积小亏成大亏，有多少钱也得打水漂。

说到止损，我不免要多说几句，有许多投资者不明白止损的真正意义，那位说了，止损有什么不明白的，不就是买进的股票跌了为了避免出现更大的损失，割肉卖掉股票吗？其实这只是片面认识，许多投资者都有过这种经历，自己刚止损卖出的股票，不久就大幅上涨了，悔恨交加。投资者如果是买在了股票启动的初期，股价出现下跌不要急于止损，股票直线拉升的很少，大部分股票是不断震荡上扬的，利润要靠时间来累积，盘中不免会出现上下震荡。如果投资者把正常的盘口调整视为股价下跌，而匆忙止损，就会真的亏损，买在股价启动初期相对来说是安全的，不管盘面如何震荡，投资者可以安心持股，股价调整后还会再次拉升，买进的股票就会赚钱。

反回来说，如果自己买进的股票是经过前期大幅上涨的股票，股价明显出现顶部形态特征，此时股价下跌的概率大过上升的概率，这时为了避免股价继续下跌止损卖出股票是明智之举，是为了避免被深套，不得已止损出局。

所以说炒股票想赚钱，除了选择一只好股票，买入的位置是关键。图中我们看到股价启动后连续大幅放量拉升，股价冲高到20元左右后开始震荡筑顶，股价由12元启动短短10个交易日涨幅达60%。

第十一节 老白干酒

Section 11

老白干酒(600559)公司具有一定的垄断经营优势，根据公司与河北斯格种猪有限公司签订的有关协议，斯格祖代猪(GGP)仅销售给该公司，不向任何其他地方销售。在华北地区，衡水老白干酒、斯格种猪及商品猪均具有较高的品牌优势和较高的市场占有率。

"衡水牌"老白干酒为我国著名的历史名酒，2004年获"中国驰名商标"和"老白干香型"定型后，2006年12月19日衡水老白干酒又被商务部认定为第一批"中华老字号"，扩建技改工程完成以后，生产规模将达到3.5万吨，较原来增加近一倍，其声誉可与国内几大名酒相媲美，具有较强的品牌优势和市场竞争力，近来在茅台、五粮液等品牌悄然提价的大背景下，酒类企业的盈利空间进一步拓展，2007年上半年实现白酒销售收入15831.68万元，净利润413.98万元，毛利率为50.94%。

老白干酒总股本14000.00万股，流通A股8914.08万股，每股净资产2.731元，历史最高价27.49元，历史最低价3.15元。

注册地址：河北省衡水市人民东路809号。

经营范围：畜禽养殖、动物饲养及销售，饲料、白酒的生产、销售，酒精的生产与销售。

主营业务：白酒的生产、销售，商品猪及种猪的饲养及销售，

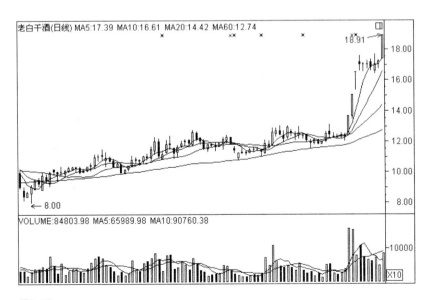

图7.17

饲料的生产与销售。

图7.17是老白干酒的日K线走势图，从图中可以清晰地看到，股价拉升前一直在8元至13元的区域震荡盘整，股价上涨时放量，下跌时缩量，均线系统杂乱的缠绕在一起，这是明显的主力吸筹形态。随着时间的推移，股价波动幅度越来越少，成交量逐渐萎缩，我们在前面提到，大多数黑马股在启动前，成交量都有萎缩的迹象，说明市场浮动筹码越来越少，股价随时会发动上攻动作。

2009年7月7日、8日连续两根放量大阳线突破长期盘整区域，拉开股价上涨的序幕，主力机构将股价迅速拉高一个台阶，脱离自己的成本区域，短时间快速拉升可以有效节省操盘资金，同时股价迅速上涨，成交量突然放大，能够有效吸引场外的资金跟风买进，并且让前期想买而不敢买的普通投资者踏空行情，迫使他们高位追涨操作。

股价经过连续三个交易日大涨后，获利盘开始回吐，股价展开强势调整，拉升初期股价由于涨幅较大，获利盘卖出，股价出现调整是正常现象，只要成交量在正常范围，投资者就可以安心

图7.18

持股待涨，不要股价稍微一震荡就匆忙卖出股票，失去后面大段的涨幅。

经过几个交易日的调整后，股价再次上攻，但上攻的力大不如前，基本是涨一天，跌一天，令普通投资者摸不清走势，但股价重心不断上移，趋势还是没有变化，一直处于上攻形态，连续几日的大幅拉升股价冲高26.88元见顶回落，随后股价展开深幅调整，顶部特征明显，至此股价的拉升段基本完成，整体涨幅达100%。主力在次高位经过长时间的震荡出货，股价回落至20元附近，头部形态清晰呈现在投资者眼前，这种情况下，投资者不应再盲目买入股票，避免股价下跌造成亏损(图7.18)。

第十二节 北方国际

Section 12

北方国际(000065)公司实际控制人是中国兵器工业集团，是中国最大的武器装备制造集团，其子公司北方工业公司主要经营性资产涉及武器装备、运动器材、车辆制造、稀有矿产、石油资源等。建筑装饰分公司合同饱满，埃塞俄比亚公路项目、伊朗郊铁机车车辆采购项目、埃塞TEKEZE水电站项目、变电站项目等国际工程承包业务进展顺利。大股东万宝工程为外经贸新秀，主业为国际工程承包。公司战略调整的目标是通过实施轨道交通、电等重大国际工程项目，培育公司在轨道交通、电力等领域的专业优势。

北方国际总股本16243.70万股，流通A股16243.70万股，每股净资产2.596元，历史最高价28.4元，历史最低价3.7元。

注册地址：北京市丰台区科技园富丰路4号工商联科技大厦20层A03。

经营范围：国际工程承包；各类型工业、能源、交通、民用工程建设项目的施工总承包；国内装饰工程及铝型材、铝制品、新型

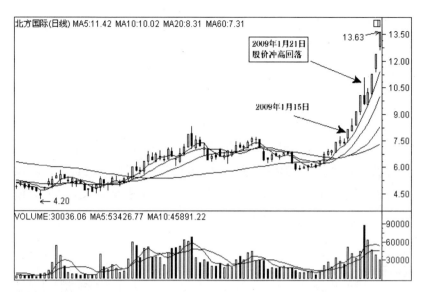

北方国际(日线) MA5:11.42 MA10:10.02 MA20:8.31 MA60:7.31

13.63

2009年1月21日
股价冲高回落

2009年1月15日

←4.20

VOLUME:30036.06 MA5:53426.77 MA10:45891.22

图7.19

建材的生产、销售；自营和代理各类商品和技术的进出口业务，对销贸易和转口贸易、技术服务等。

　　主营业务：工程服务。

　　图7.19是北方国际的日K线走势图，通过图中我们可以看到主力的吸筹区域在5元至8元，图中股价在4元以上时成交量萎缩，主力吃不到多少筹码，主力想吸筹的话只能拉高股价，股价在上涨的过程中成交量连续放大，说明有大资金在吃货。

　　为了迫使更多的散户筹码出来，股价经过拉升然后震荡回落，大部分普通投资者以为股价见顶回落，纷纷卖出股票，主力机构则趁机吸纳筹码，随着股价的回落，成交量越来越少，当股价回调到6元时，成交量处于极度萎缩状态，说明筹码大部分被主力持有，场外的流通筹码越来越少，只要时机成熟，主力机构随时有可能拉升股价。

　　随着浮动筹码的减少，股价开始小幅回升，同时成交量伴随股价的回升，开始呈慢慢放量的状态，均线系统开始向上发散，2009年1月15日一根放量阳线，突破前期调整的高点，拉开股价上涨的序幕。

　　股价突破前期高点后，连续两日大幅拉升，1月21日股价开盘后，顺势拉升，冲击涨停板，由于股价短时间大涨，获利的抛盘蜂拥而出，股价快速回落，主力机构趁机打压股价，成交量迅速放大，当日收了一根带长上影线的放量阴线，大部分短线客被清理出局。经过这一天的调整后，股价再次拉升。

　　经过连续快速拉升后，股价冲击19元的价位，通过图中可以看到，股价继续上冲的能量不足，主力机构达到了获利目标，开始卖出筹码，股价在顶部区域展开大幅震荡，同时成交量迅速放大，顶部特征明显，股价整体涨幅达120%(图7.20)。

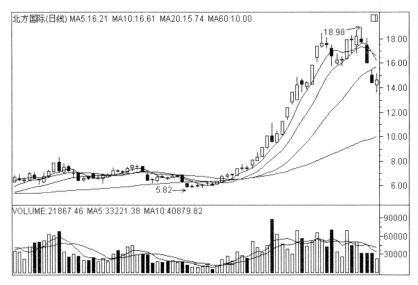

图7.20

第十三节　福日电子

Section　13

　　福日电子（600203）公司加快新品研发步伐，包括超薄CRT彩电、高清彩电和平板电视等，力争做大做强家电产品产业。受益国家家电下乡的政策，对公司在拓展农村市场及增强可持续发展能力作用明显。福建福日电子股份有限公司获悉闽东电机股份有限公司重大资产重组及发行股份购买资产方案已获得中国证券监督管理委员会有关文件核准，核准闽东向公司发行25480000股股份购买相关资产。

福日电子总股本24054.41万股，流通A股24054.41万股，每股净资产0.832元，历史最高价17.29元，历史最低价2.33元。

注册地址：福州开发区科技园区快安大道创新楼。

经营范围：计算机硬件及外围设备、软件及系统集成、微电子、电子产品及通讯设备、家用电器、电子元、器件的制造、销售；工程塑料、轻工产品、纺织品、服装的加工、销售；五金、建材、化工、百货、饲料的销售及对外贸易。

主营业务：电子计算机及配件、电子产品及通讯设备、家用电器、电子元、器件的制造、销售；自营和代理各类商品及技术的进出口业务；经营进料加工和"三来一补"业务；经营对销贸易和转口贸易。

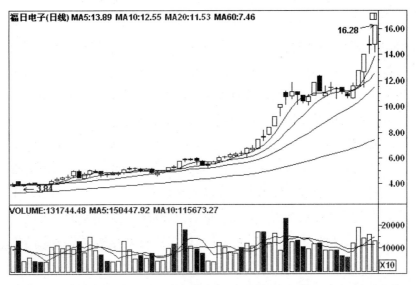

图7.21

图7.21是福日电子的日K线走势图，图中可以看到该股启动之前一直处于小幅震荡盘升的走势，每日股价波动幅度较小，成交量处于温和放量的状态，主力资金利用小单买入避免股价大幅波动引起中小投资者的注意。随着时间的推移，主力在低位吸筹数量越来越少，只能不断抬高股价吸筹，由于大量资金的承接，股价重心不断抬升，股价依托5日均线不断上移，均线系统呈向上发散状态。

2007年4月11日股价盘中探底回升，一根带量突破阳线拉开股价上涨的序幕，此时该股呈明显的底部启动形态，股价上行趋势完好，均线系统呈多头排列，股价经过连续几个交易日的大幅拉升后，运行到11元区域展开较长时间调整。股价在大幅上涨后，出现调整的情况是很正常的，主力机构控制股价在这个位置调整，目的有两个：

其一，由于股价连续大幅上涨，底部累积的获利盘已很大，如果继续拉升股引发获利盘出局的话势必会对以后操盘造成影响，主力资金一拉，获利盘开始卖，这样就会打乱主力的操盘计划，同时增加主力机构的操盘成本，所以有必要让获利的筹码出局。

其二，由于股价快速上涨，一部分散户因为股价涨得过快而不敢追高买入，希望等股价调整时再买入，此时股价调整正好给了场外的投资者介入的机会，由于有了新资金的进场，获利筹码得到充分换手，散户的总体持股成本被抬高，这样有利于主力机构以后拉高股价，新资金入场后，没有多少利润是不会出局的，主力机构在拉升时盘面就会比较轻，同时可以大大节省操盘资金。

股价经过几个交易日的调整后，短线获利筹码大部分已经出局，我们看到成交量越来越少；当获利盘被有效清理掉后，股价再次放量拉升，突破盘整区域，伴随成交量不断放大，股价不断创新高；当股价大幅拉升成交量放大量时，股价离主力出货的顶部区域为时不远，对于投资者来说，无法确定股价究竟能涨到多高的价位，当股价出现疯狂上涨时，为了确保盈利到手，避免股价突然下跌使盈利回吐，投资者应该在股价暴涨时卖出股票或者采取比较稳妥的操作方式选择分批卖出股票以防范股价突然下跌的风险。

我们看图7.22，当股价冲高到16.28元后突然停牌了，其间5月30日财政部发布了调高印花税的政策，导致大部分股票连续跌停，该股于2008年6月11日复牌后，受恐慌性抛盘卖出，股价连续跌停，前期没有卖出的投资者账面盈利被一点点吞食，股价经过连续下跌以后，又回到了启动前的位置，终点又回到了起点（图7.23）。

该股是一个比较典型的案例，股价疯狂上涨后，突然停牌，停牌期间突发利空消息，股价复牌后，直接走出跳水行情，希望投资者将该股的走势牢牢刻在心里，当股价疯狂上涨时，不要幻想股价会没完没了的上涨，要记住止盈，止盈是股票操作中最重要的一环，它决定了投资者能否将盈利兑现，否则无论你的账面盈利多大，不及时止盈的话，利润有可能只是昙花一现。

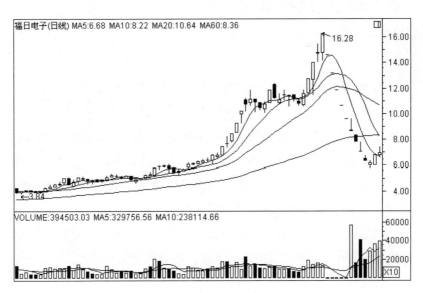

图7.22

图7.23

第十四节　西水股份

Section 14

　　西水股份(600291)公司是内蒙古地区最大的水泥生产企业，目前已探明的原燃材料储量可供百万吨的企业开采使用100年以上，资源优势十分突出。目前公司已占据陕北市场水泥需求量的70%左右，稳居地区垄断位置，具有明显的主业优势。公司周边地区是内蒙古经济发展的两个"金三角"，经济增速快，作为"打造西部水泥巨头"的西水股份，业绩增长预期明显。

　　西水股份总股本32000.00万股，流通A股32000.00万股，每股净资产9.204元，历史最高价68.1元，历史最低价2.99元。

　　注册地址：内蒙古乌海市。

　　经营范围：水泥、熟料制造、销售；计算机硬件销售代理及软件开发；网络产品的研制、开发、销售；网络集成及技术服务；节能环保装备及技术开发。

　　主营业务：水泥、商品熟料的生产与销售；计算机软硬件、网

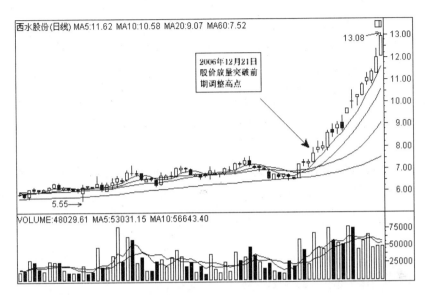

西水股份(日线) MA5:11.62 MA10:10.58 MA20:9.07 MA60:7.52

2006年12月21日
股价放量突破前
期调整高点

13.08

5.55→

VOLUME:48029.61 MA5:53031.15 MA10:56643.40

图7.24

络产品研发、销售及网络集成和技术服务等。

图7.24是西水股份的日K线走势图，图中该股启动前，股价一直在6元一带震荡盘整，成交量处于萎缩状态，随着时间的推移，股价重心开始逐步抬升，成交量也呈温和放量的状态，均线系统呈向上发散状，趋势开始转好；2006年12月21日股价放量突破前期调整的高点，此时是股价启动的信号，投资者发现这种机会应该果断买入，不要希望等股价回调时再买入，有许多投资者看到股价短时间涨幅较大，不敢买，或者想图便宜，等股价回调时再买，因而错过许多介入机会；明明自己看到好的股票，却没有及时介入，而错失黑马。

主力大量建仓吸筹的股票，股价一旦启动往往涨速很快，根本没有回调的机会，投资者如果一味等股价回调再买入，往往错失最佳买入机会。在图中我们看到，股价启动后，虽然每日的涨幅并不大，但一天一个价，拉升比较快，股价依托 5 日均线上行，均线系统呈多头排列，股价走势极强，没有在股价启动初期介入的投资者只能踏空行情或被迫追高。

股价经过震荡盘升后开始加速上攻，借助大盘疯狂上涨的火热背景主力机构疯狂拉升股价,以连续拉涨停的方式完成拉升段。股价的连续涨停也刺激了普通投资者的买入亢奋情绪,普通投资者在股价便宜时不敢买,当股价大幅上涨后,反而敢买了,由于受股价暴涨的诱惑和周围股友的影响,匆忙买入股票,从而忽视股价上涨后下跌的风险,当股价冲高至25元左右时,成交量快速放大(图7.25)。

2007年6月19日股价打开涨停,盘中股价大幅震荡成交量迅速放大,至当日收盘时放出巨量,当日换手率达29.3%,主力机构出逃迹象明显,股价经过几个交易日的调整后,冲高28.58元开始回落。

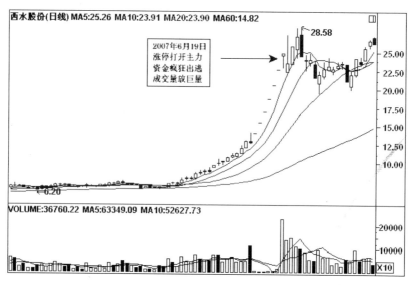

图7.25

第十五节 中卫国脉

Section 15

中卫国脉(600640)公司于2002年开通国内第一个iDEN商用数字集群共网,是全国规模最大、技术最先进,功能最齐全的数字集群通信商业共网。2008年12月5日，控股股东卫通集团拟将持有中卫国脉2亿股股份，占公司总股本的50.02%，以国有资产划拨方式划入中国电信集团。卫通集团与电信集团于2008年12月下旬，将包含有上述内容的电信重组实施方案正式提交国务院相关部委审批。

中卫国脉总股本40137.12万股，流通A股20640.63万股，每股净资产2.591元，历史最高价58元，历史最低价2.91元。

注册地址：上海市浦东新区张江高科技园区郭守敬路498号10号楼10403座。

经营范围：无线通信、图像、数据及各类通信产品；通信系统的设计、开发、开通；技术咨询、服务；通信设备配套；通信工程业务；仪器仪表代办及维修保养。

主营业务：主要经营无线寻呼业务，目前是上海最大的寻呼企业，此外公司还经营集群通信和信息业务等。

图7.26是中卫国脉的日K线走势图，该股拉升前股价一直在6元至8.5元区域呈波浪形震荡，在盘整区间当股价上涨时，成交量放大，股价下跌时，成交量萎缩，有明显的主力吸筹迹象。2006年

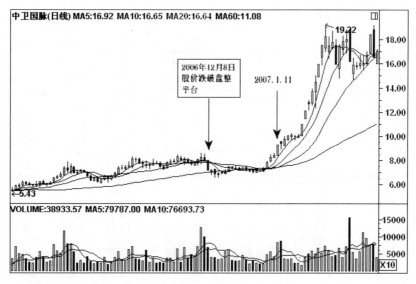

图7.26

12月8日，股价放量跌破盘整区域，在7元的位置长时间小幅盘整，成交量同时出现萎缩迹象，当股价经过16个交易日的调整后，股价开始放量拉升，于2007年1月11日放量突破长期盘整的平台，此时说明前段时间的下跌调整是主力的洗盘行为。主力机构经常利用股价跌破盘整平台，吓出持股不坚定的投资者，当短线浮筹被有效清理掉后，主力机构再拉升股价，回到股价下跌前的位置，这样可以有效清理掉跟风盘。

当股价再次回到或突破下跌前的位置时，是投资者最佳的买入机会，这种走势出现后，股价继续大幅拉升的概率很大，一般情况下投资者买入后都会赚钱，图中我们看到当股价突破前期下跌前的盘整平台时股价继续上攻，当冲到10元的整数关口时股价展开短时间强势调整，这个位置调整可以起到承上启下的作用，获利的短线客在这个位置就会卖出股票，同时新资金开始进场，为股价继续拉升积蓄力量。

当股价经过短时间调整后，主力机构趁机再次大幅拉升股价，10个交易日内股价涨到19.22元，由启动时的8元算起，股价涨幅达

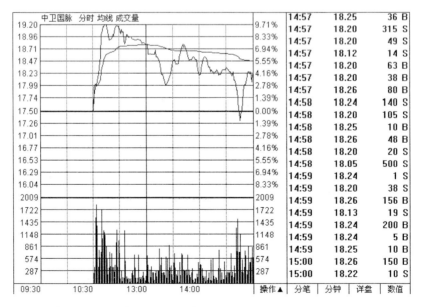

图7.27 中卫国脉 2007年1月31日 即时图

130%，在股价启动初期介入的投资者获利丰厚。2007年1月31日当日股价停盘一小时，开盘后股价迅速冲击涨停位置，当股价最高涨至19.22元时，大量资金开始疯狂出逃，股价迅速下跌，成交量同时放大，这是股价的见顶信号，说明主力资金开始大量卖出股票，股价走势出现见顶迹象（图7.27）。

随后相当长的时间内股价没有再创新高，每日的震荡幅度较大，成交量一直处于放量状态，经过几天的反弹股价再次回到19元左右的位置，2007年2月9日，股价开盘后冲高，然后大量卖盘涌出，股价被大量卖单迅速打压回落，呈波浪式下跌，成交量迅速放大，说明有普通投资者趁股价下跌之机，捡便宜筹码，没想到主力机构一路派货，只要有接盘就给，股价一路下跌，至收盘时股价拉出一根巨量大阴线，主力机构出逃的目的暴露无遗，此时说明主力机构已无所顾忌，只要能完成出货任务就行（图7.28）。

随后股价经过20几个交易日的震荡，主力机构手中的筹码卖出的差不多了，股价出现破位下跌走势，头部特征明显，在股价顶部区域介入的投资者被套。

图7.28 中卫国脉 2007年2月9日 即时图

第十六节 恒生电子

Section 16

恒生电子(600570) 公司是国内唯一在证券、期货、基金、银行、保险等所有金融分支有拳头产品和服务的IT公司，在基金业公司投资交易管理系统市场占有率超过90%。

公司是一家金融行业IT服务类公司，其IT产品线覆盖券商、基金、银行、保险等行业和领域。公司被认定为"2008年度国家规划布局内重点软件企业"，按有关规定，国家规划布局内的重点软件企业当年未享受免税优惠的将按10%的税率征收企业所得税。

恒生电子总股本44553.60万股，流通A股44553.60万股，每股净资产1.501元，历史最高价38.38元，历史最低价4.55元。

注册地址：杭州市滨江区江南大道3588号恒生大厦。

经营范围：计算机软件的技术开发、咨询、服务、成果转让；计算机系统集成；自动化控制工程设计、承包、安装；计算机及配件的销售；电子设备、通讯设备、计算机硬件及外部设备的生产、

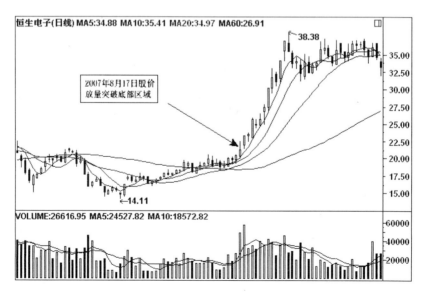

图7.29

销售；本企业自产产品及技术的出口业务；经营本企业生产、科研所需的原辅材料、机械设备、仪器仪表、零配件及技术的进口业务；经营进料加工和"三来一补"业务；电信增值业务。

主营业务：证券、银行等行业的应用软件的开发和销售。

图7.29是恒生电子的日K线走势图，图中该股启动前股价走势呈不规则的头肩底形态，2007年8月17日该股突然向上拉升，放量突破盘整区域，冲击涨停未果，股价震荡回落（图7.30）。

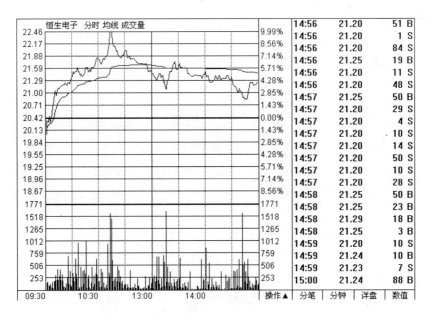

图7.30

股价经过调整后于次日再次展开上攻，同时成交量迅速放大，经过连续几个交易日震荡拉升后，股价最高冲到38.38元开始回落。由于股价拉升速度快，主力机构在股价拉升过程中不能大量出货，一旦大量出货，由于接盘的资金比较少，股价就会出现大跌，对主力操盘不利，主力机构为了将股票卖个好价钱，只有等股价拉升出一定的获利空间，达到目标位后再慢慢出货。

图中我们看到，股价冲高38.38元后开始回落，回落到31.2元的位置止跌反弹，股价反弹的目的是吸引跟风的投资者入场，股价在35元区域展开长时间震荡盘整，主力机构利用股价长时间盘整，达到出货的目的。而不明白内情的普通投资者，见到股价调整以为是股价回调，希望股价回调后再次大幅拉升而买入，或者想趁股价上下调整的机会做做短线，赚点蝇头小利，大多数在这个位置介入的投资者是持这两种思想而买入的，主力机构正是利用普通投资者的这种心理悄悄出货。

随着时间的推移，主力机构手中的筹码越来越少，股价不知不觉下跌了不少，呈明显的头部形态，在35元左右的盘整区间介入的投资者均被套牢，普通投资者一旦被套，大多会选择傻等，希望股价能再次回到自己买入的成本价，然而等来的是股价的破位下跌，股价经过长时间下跌后，跌破30元的重要心理位置，恐慌性卖盘蜂拥而出，进一步导致股价暴跌（图7.31）。

从这个案例中我们看到，股价经过连续大幅上涨后不要盲目介入，主观希望股价再次上涨、怀侥幸心理的投资者大多会失败的，其次投资者也不要贪图一些小短差，做刀口舔血的买卖不划算，稍有不慎就会被套。

图7.31

第八章

Chapter 8

黑马股的操作技巧

第一节 选择价值股低估的股票

Section 1

炒股是什么？炒股就是投机！投机的原理就是低买高卖，在中国股市由于大多数上市公司不具备持续发展的能力，头一年绩优，第二年绩差，甚至还有退市的风险，所以相对来说不适合长期投资。

大多数股票不具有长期投资的价值，但由于它的业绩不稳定，涨跌空间大，容易受到主力机构的操纵，具有投机的价值，一些股价低但不会退市的股票自然就成了投机的好品种，投资者可以通过基本分析和技术分析，把握这种股票的投资机会。

股价一旦被大幅拉高，高于净资产的一倍或几倍，此时股票就失去了投资价值，就是投机风险也是比较大的，股价被大幅拉升，还连续不断的大幅上涨，其实是吸引最后的傻瓜买入。投资者要想长久地在股市中生存，必须要做一个理性的投资者，在选股时，应首选价值被严重低估的股票，买进价值被低估的股票，中长期来说是稳赚不亏的，只有首先立于不败之地，你才能有机会赚到大钱。

孙子兵法云："昔之善战者，先为不可胜，以待敌之可胜。是故胜兵先胜而后求战，败兵先战而后求胜。"其意是说进行战争要夺取胜利，前提是自己立于不败之地，要先胜而后求战，自己要在战前主动创造出不被敌人战胜的条件，来等待和寻找战胜敌人的机会，在战争中赢得主动权，从而达到制人而不制于人的战略目的。

在熊市末期，由于股价受恐慌盘抛售，股价严重超跌，甚至接近或跌破净值，股价处于严重低估状态，此时投资者可以趁机吸纳廉价筹码，从中长期来看是没有风险的，当然还要仔细分析公司的基本面以及潜在的各种炒作题材。对于不熟悉的股票不要轻易介入，尤其不要盲目买入ST的股票，ST的股票说不定什么时间会退市，投资者如果满仓买入一只股票的话，有可能血本无归，风险较大。

选股应选自己熟悉的，对基本面了解的个股，股票的价位要低，有足够的安全边际，买入后中长期来说没有什么风险，持股才安全，你才敢于持股待涨。

当个股走熊时，投资者应耐心等待它从暴跌到止跌，当机会来临时就可以大胆逐步建仓，主力机构打压的越狠，投资者进货成本越便宜，从中长期来看一点风险也没有，投资者只要是用自己的资金操作，只要不贪婪、不恐惧，在低位持有一只股票，待行情转暖后，投资一定会获得丰厚收益的。

投资者要坚信是金子总会发光的，当个股开始走上升趋势时，只要投资者买进的价位低，中途就不怕主力机构洗盘震仓，要有信心赚大钱。买入股票后，只要股价的趋势正常，应一路持股，具备赚大钱的决心，放弃盘中的短线机会，如果贪图每分钱都赚，有可能造成低卖高买，股价一旦快速拉高，就只能踏空行情，一点小利就被震出局，失去后面大赚的机会，得不偿失。由于卖出时的价位低，在高位买回来，心理上总会懊恼，即使高价接回来，也有被

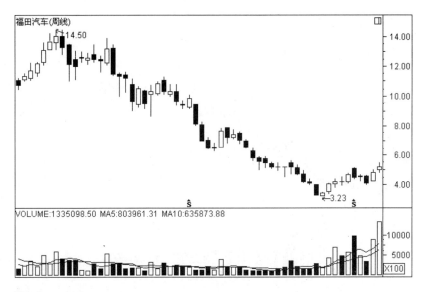

图8.1

套亏损的风险，大多数股票是震荡上扬的，利润是要靠时间来累积的，不应在股价一震荡就匆忙卖出，股价一涨又买入，造成低卖高买，频繁操作踏错节奏，只能导致资金越炒越少，还有可能把心态彻底搞坏。

投资者要想把握住这种投资机会，除了具备良好的投资心态外，平时要多思考，对国家经济的宏观面和股市所处的历史区域，做到心中有数，综合辩证分析问题，要有一种全局的战略性投资眼光，才能站得高，看得远，投资才会获得丰厚收益。

1.图8.1是福田汽车(600166)的周K线走势图，公司作为全国商用车行业龙头企业，已连续五年蝉联商用车行业销量第一。成长为中国商用车第一品牌，成为中国汽车行业自主品牌和自主创新的中坚力量。

受国际金融危机影响，汽车行业也受到打击，该股随大盘下跌，经过大幅下跌后，该股于3.23元止跌，随后股价开始放量回升，此时股价被严重低估，极具投资价值，投资者可以在4元左右的区域买入。2009年11月份，该股股价涨到20元以上，

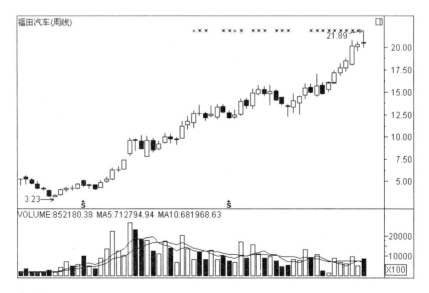

图8.2

事实证明，在股价极低时介入的投资者在日后获得了丰厚回报（图8.2）。

2.图8.3是天伦置业(000711)的周K线图，公司控股股东广州天伦集团控股有限公司是集房地产、商贸、物业管理、路桥建设、计算机软件、装修装饰、酒店、餐饮娱乐等为一体的大型综合性企业，总资产近20亿元。天伦地产凭着高素质，高起点和得天独厚的地段优势闻名于广州房地产界。

该股从周K线图上看，股价经过大幅下跌后于2.72元止跌回升，此时股价被严重低估，随后连续几周成交量开始温和放大，显示有主力资金介入迹象，此时投资者可以趁机买入，持股待涨。2009年8月份该股随大势走好后，股价涨到12元以上（图8.4）。

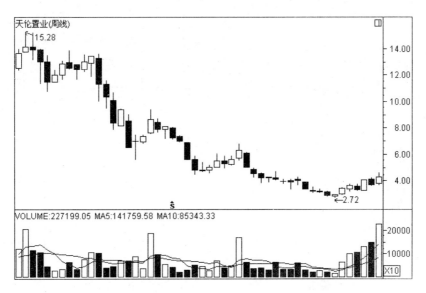

图8.3

3.图8.5是西单商场（600723）的日K线走势图，公司作为我国著名的大型综合性商业企业，位于北京市最繁华的西单商业街的黄金地段，是北京的标志性商场，是西单商业街历史最长，规模最大，知名度最高的百货店，拥有极高的商誉和广泛的客户基础，并

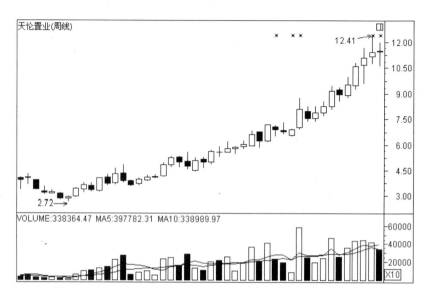

图8.4

获得了"全国百家最大规模，最佳效益零售商店"等称号，公司主要经营范围包括百货零售批发、连锁经营、品牌代理、物流配送、计算机开发应用等多个领域，现有百货、超市等门店20余家。

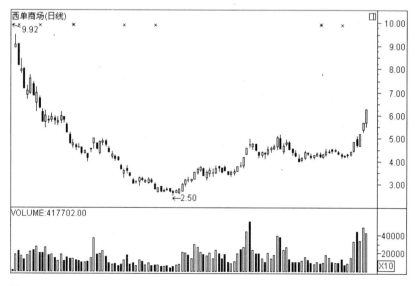

图8.5

2008年受全球金融危机影响，消费、投资均陷入困境，该股股价经过连续大幅下跌后，股价极低，最低时股价2.5元，股价被严重低估；从图中可以看到当股价跌到2.5元时，突然有大量资金开始进场买入该股，并且连续多个交易日成交量放大，股价呈强势盘升状态，此时投资者买入风险极低。主力机构经过两波吸筹后，利用大盘走好时机开始放量拉升股价，在底部区域介入的投资者资金获得了翻倍的收益（图8.6）。

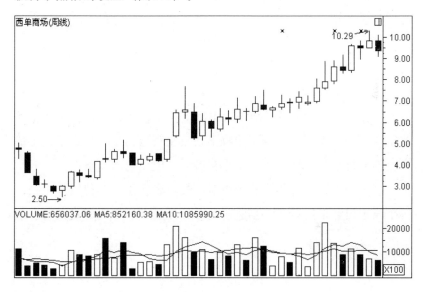

图8.6

第二节 在股价启动初期买入

Section 2

股票交易盈利的关键因素包括选时和选股，但买入位置的高低决定了投资者最终盈利的大小，有些投资者看到股价大幅上涨，忍不住手痒，冲动性买入，还有些投资者不顾大盘走势情况，频繁操作，导致资金不断亏损。

有经验的投资者都知道，大多数股票的涨跌是随大盘波动的，股票大市的好坏是决定操作的前提条件，大部分投资者在实际交易过程中对指数的高低没有基本的概念，不知适度调整持仓仓位大小，在我接触的大多数散户朋友当中，绝大部分人是一年大部分时间都是满仓操作，不管行情好坏，形成这种结果的主要原因是由于人性的弱点，总想最大化收益，在行情好的时候，总想一分不剩的买成股票，一旦股市行情转坏，则被套，被套以后，存有侥幸心理，希望股价涨回来后再卖出。假如股价涨回来了，还想再等等，心想等这么长时间了，赚点再走，这样在犹犹豫豫的心理斗争下股价不断下跌，损失一点点扩大，此时已被深套，即使想卖出也舍不得割肉了，只能拿长线投资来安慰自己。

当股价下跌趋势没有结束时，不要过早介入，避免下跌途中被套，认真观察个股的周K线是否走出了下降趋势，许多投资者不顾股票的走势，看到股价一两天收阳，就主观认为股价止跌了，生怕自己踏空行情，匆忙买进，结果买进后，股价再次大跌。

股价的下跌趋势还没有结束时，投资者应耐心等待股价止跌，等个股走出底部区域后，当股价突破长期盘整区域时，是投资者最

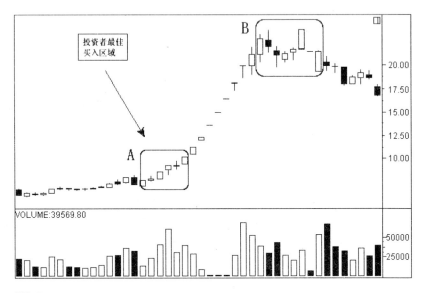

图8.7

佳的介入位置，在股价启动初期介入，对于投资者的资金安全概率就会大为提高，并且股价即使有小幅震荡，也不用害怕大幅下跌，只要股价走势是向上趋势，就可以持股不动，等待股价上涨。

图中在A区域买入的投资者随着股价的上涨投资者获得了丰厚的收益。然而在B区域介入的投资者，随着股价震荡下跌，投入的资金发生了亏损，而且不及时止损的话，还面临着被深套的危险（图8.7）。

1. 图8.8是云铝股份（000807）的日K线走势图，公司地处有色金属王国——云南，生产规模居全国铝行业前列，是国家重点扶持的14家企业之一，公司现在控制的铝冶炼产能已经达到40万吨，产量在全国铝厂中处于前三强地位。

该股在8元一带长时间调整后突然放量突破盘整平台，此时是投资者介入的最佳位置，该股由9元启动后，最高涨到17.95元，整体涨幅达100%。

2. 图8.9是银河动力（000519）的日K线走势图，公司主营业务为各型内燃机的关键基础件气缸套、铝活塞的生产、销售及网络

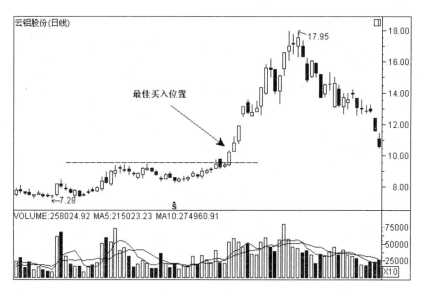

图8.8

图8.9

通信设备销售。2009年10月16日公告了资产重组预案，公司拟以现有全部经营性资产及负债置换江南集团现有军工类经营性资产及负债，重组完成后公司主营业务将"变身"军工，盈利能力将得到大幅提升。

　　图中可以看到，该股主力经过两波吸筹，于2009年7月21日放量突破前期高点，展开拉升动作，投资者此时可顺势跟进，随后该股展开一波三折的拉升，但总体涨幅还是很可观的。

　　3.图8.10是西藏矿业(000762)的日K线走势图，公司主营铬铁矿开采和销售，铬铁合金的加工与销售，铜矿的开采与加工，金矿的开采；铬铁矿是我国的短缺矿种，西藏铬铁矿资源丰富，质量上乘，铬铁矿保有储量名列全国第一，占全国总储量的40%左右，国内直接入炉冶炼铬铁合金和用于铬盐化工的富矿都集中于西藏。

　　该股在底部形成头肩底的走势形态，当股价放量突破盘整的区域时，是投资者的买进最佳时机，随后股价展开大幅上攻行情，整体涨幅达100%以上。

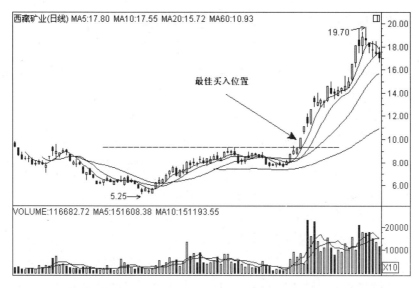

图8.10

第三节 股价第二日回调时买入

Section 3

　　股价突然放量突破长期的盘整区域，通常有个回调的过程，在底部区域跟进的散户获利，存在大量的浮动筹码，如果一支股票的获利盘过多，则对介入该股的主力是极为不利的，如果获利盘没有被有效清理掉，在主力以后的拉升过程中，获利的散户会随时卖出手中的股票，导致主力要消耗大量的资金来承接这些抛盘，如果抛盘过大，有可能影响主力的操作计划，所以主力在拉升一支股票的过程中洗盘是必须的。

　　主力机构通过长时间吸筹，已持有目标股大部分的流通筹码，操盘过程中只需利用一小部分筹码打压股价，从而吓出持股不坚定的投资者，如果浮动筹码较少的话，主力是不会用大量的筹码来打压股价，如果用大量的筹码来砸盘的话，对主力也是极为不利的，首先就是交易成本的增加，主力大量资金进出是要付手续费的，所以主力通常在开盘后不久，采用快速打压股价的方式来清理浮筹，从而节省操盘资金。

在股价拉升初期，我们经常遇到股价第二个交易日有回调的动作，主力让股价在第二个交易日回调，目的是吓出持股不坚定的短线投资者，同时让场外的新资金进场，来承接前期散户抛出的筹码，以抬高市场中散户的平均持股成本，主力这一目的达到后，将会再次拉升股价，有经验的投资者可以趁股价回调时买入，扩大盈利。

投资者在操作过程中，通常会发现某只股票当日涨停或者涨幅较大，同时成交量也有所放大，从走势形态上分析，此股刚刚启动，可以跟进。但为了避免追高被套，可以趁股价第二天回调时买入，这样介入的成本就会相应降低，减小了以后的持股风险。

1.图8.11是旭飞投资（000526）的日K线走势图，公司主营业务为房地产开发与经营，盈利能力较弱，公司拟以全部资产与负债与贵州永吉房地产开发有限责任公司及贵州永吉印务股份有限公司其他股东持有的永吉印务100%的股权进行置换，通过本次重大资

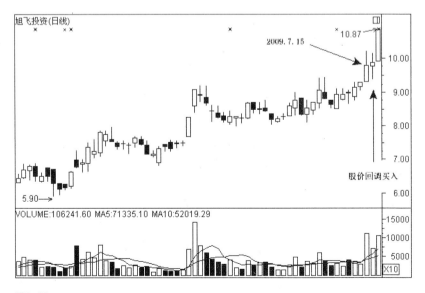

图8.11

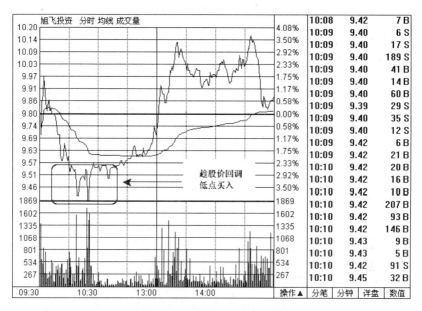

图8.12 旭飞投资 2009年7月16日 即时图

产重组，公司现有全部业务资产、负债将剥离出上市公司，公司的主营业务将转变为烟标及高端印刷品印刷。永吉印务优良的资产质量和较好的盈利能力将极大地改善公司的经营状况，恢复公司的持续经营能力。

该股经过长时间盘整后，于2009年7月15日放量上攻，突破调整以来的新高，投资者通过收盘后选股，发现了股价启动的信号，可以在第二日股价回调时的低点买入，这样可以避免追高的风险，为以后持股打下良好的基础（图8.12）。

2.图8.13是新兴铸管（000778）的日K线走势图，公司主营业务为离心球墨铸铁管及配套管件、钢铁冶炼及压延加工、铸造制品等；公司是世界铸管龙头，球墨铸铁管生产、技术、产品居世界领先水平，国内市场占有率较高，产品行销多个国家和地区。

该股在7元至9元一带长时间震荡盘整，于2009年7月14日股价放量上攻，突破长期以来的盘整区域，股价走势呈上涨趋势，投资者可以在股价第二日回调时买入（图8.14）。

图8.13

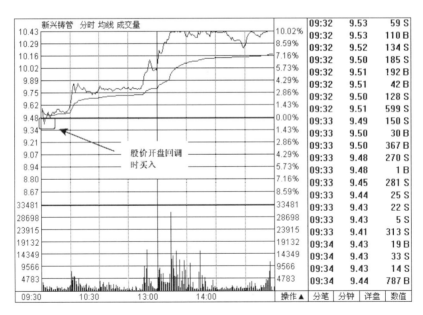

图8.14 新兴铸管 2009年7月15日 即时图

第四节 突破低位盘整区间买入

Section 4

投资者在买入股票后，如果股价长时间不涨，一直处于盘整状态，对于买入该股的投资者来说是一种煎熬，卖也不是不卖也不是，如果卖了股价涨了岂不是后悔，不卖吧，如果股价一直长时间盘整对资金是一种极大的浪费，且股价盘整后是涨是跌还不确定，如果股价真的涨了，也不枉苦苦等它这么长时间，但是如果跌了呢，岂不是叫人懊恼，不仅白白浪费了感情，还赔了钱。

在前面的章节中我们谈到在低价位长时间横盘震荡的股票，并且成交量越来越小，通常是主力吸筹的个股，投资者通过对其基本面、技术形态分析后，可以重点加以关注，待其放量突破盘整区间时，再顺势跟进，享受股价涨升的乐趣，这样可以避免买入后，股价长时间震荡盘整，规避掉一些不确定的风险。

大多数黑马股，在启动之前都有一个盘整的过程，主力资金为了吸纳筹码和清理前期套牢盘，利用长时间的震荡达到自己的目的，普通投资者受不了这种折磨，通常在这个过程中就卖出了股票，此时大多数筹码都集中在主力手中，场外的流通盘很小，一旦时机成熟，主力就开始大幅拉高股价，此时由于浮动筹码较少，抛盘压力就小，主力资金可以轻松拉高股价。

股价一涨，一些短线资金发现了机会，纷纷跟进，这就更进一步助推股价上涨，在大量买盘的推动下，股价很容易被打至涨停，成交量也会伴随放大。在K线图上，看到一根大阳线突破长期以来的盘整区域，犹如太阳初升跃过海平面一样。股价一旦突破长期盘整的压力位后，接下来往往会顺势拉升，当股价突破盘整区间时，给了投资者一个最佳的介入位置。

1.天业股份（600807）该股是小盘地产股，受注入黄金资产的利好消息以及重组信息的发布，股价暴涨。

图中股价在5元至7元一带长时间震荡盘整，主力机构吸筹迹

图8.15

象明显，当股价放量突破盘整区域时是投资者买入的最佳时机
（图8.15）。

2.双钱股份（600623）公司主营业务汽车轮胎的生产和销售，

图8.16

双钱股份作为主营轮胎业务的上市公司，产品规格较为齐全，随着产能的不断扩张和市场的拓展，业绩增长预期相对明朗。公司公告将高价转让所持的上海米其林回力轮胎28.49%的股权受此影响股价被主力机构趁机拉升。

该股在6元至7.5元一带经过长时间震荡盘整，随着时间的推移成交量越来越少，当股价放量突破盘整区域时，是投资者最佳的买入位置（图8.16）。

3.中孚实业（600595）地处巩义市，交通运输十分便利。公司是以电、铝、铝深加工为一体的现代化大型企业，是典型的铝电联营企业，也是河南省在"十一五"规划中重点支持的七大铝业集团之一，公司通过增资控股中孚电力，将铝、电两大核心资产进行完整性调整，并保持了综合成本竞争优势。

图中股价启动前长时间在8至11元区间震荡盘整，当股价放量突破长期以来的盘整区域时是投资者最佳的买入位置（图8.17）。

图8.17

第五节 股价短期内暴涨应获利了结

Section 5

投资者在买入股票后，股价经常出现大幅上涨的情况，但最终能在高位出局的投资者却很少，由于股价暴涨，投资者的心理预期也在不断增长，害怕自己卖出后，股价继续大涨，心理上希望股价不断的上涨，从而错过了最佳卖出时机。

投资者一旦错过了最佳卖出点后，心里总是后悔，希望股价能再次回到原价位卖出，但后市股价一点点下跌，将前面的盈利吃掉，最后股价又回到了起点，投资者来来回回坐了几次电梯，不仅没有赚到钱，还有可能会亏钱。

在实战操作中买入的股票如果股价短时间内大幅上涨，在股价处于高位的情况时成交量明显放大，盘中股价震荡厉害，这时，你就可以卖出手中的股票，不要计较几分钱的价位，将盈利赚到手，然后再去选择下一只股票操作。如果希望股价继续上涨，而没有及时止盈，一旦股价下跌反而得不偿失。

主力在出货阶段，经常以连续拉大阳线的方式吸引散户跟进接盘，接盘的散户大量涌入时也是主力机构卖出股票的时机。主力趁人气旺盛、成交量大增的情况下反手做空卖出股票，由于主力短时间内大量卖出股票，买进的人少，卖出的人多，股价在大量卖盘的抛售下由上涨走势转为下跌走势，说明股价开始转势，股价一旦下跌，犹如山上的滚石落下，势不可挡。

作为持股者来说，首先应以确保到手的盈利为前提，股价一旦由上涨转为下跌，说明股价短期内有调整迹象，有可能见顶，具体股价跌到什么程度能止跌，或者股价回调后能不能再次拉升都是未知数，股价回调后盘整一两个月经常见。所以作为持股者遇到股价短时间大幅拉升，一旦股价转势，有见顶迹象，此时最好选择卖出股票，确保盈利到手，手中握有现金遇到好股票可以再次操作，总体盈利也是相当可观的。

有的投资者感觉自己赚的还不够，希望股价再次上涨，结果错过了卖出时机，股价反而跌回了自己的买入价，上上下下做了一次电梯，应赚的钱没赚到，发现好股票后由于资金被套也没有及时买入，对于投资者的心理上来说是一次沉重的打击，投资者有可能在报复的心理下，急于买进另一只股票将损失补回来，然而投资者不会想到，这种失去理性的行为将导致更大的失败。

1.图8.18是特力A(000025)的日K线走势图，公司主要开展汽车检测及维修、汽车贸易及租赁服务业。公司通过资产重组成功进入汽车综合服务业，目前公司汽车后市场服务业务已经涵盖了奔驰、宝马、通用、丰田等四大国际一流品牌，在深圳地区拥有9家汽车快修连锁店。

图中可以看到股价经过连续暴涨后，突然停牌，停牌期间受调高印花税利空消息影响，股价于2007年7月4日复牌后受恐慌性卖盘抛售开盘跌停，没有在股价上涨过程中卖出的投资者后悔不已，没想到股价连着五个交易日的跌停，股价由终点又回到了起点，到手的财富顷刻之间又没有了。

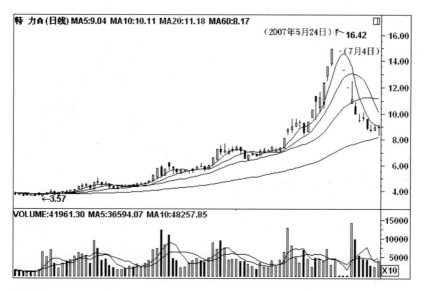

图8.18

那么如何来防范这种情况的发生呢，投资者唯一能做到的就是在股价暴涨后，要及时卖出股票将盈利拿到手，或采取分批卖出的方式兑现盈利，以规避股价突然下跌的风险，不要期望股价没完没了的上涨。

2.图8.19是韶钢松山（000717）的日K线走势图，公司为广东省最大的钢铁生产企业，地处经济发达地区，而广东省钢材自给率不足，是引入型钢材消费大省，公司市场优势非常明显。

图中股价经过最后连续两天的大幅拉升后，也到了顶点，随后股价于2009年8月4日冲高9.07元高点后开始暴跌，形成单峰顶走势形态。参与其中的投资者一旦见到股价在暴涨后，无法再创新高，应及时了解，避免到手的盈利再失去。图中我们可以看到在顶部区域没有及时卖出的投资者，随着股价一点点下跌，账面的盈利被一点点抹去，股价从终点又回到了起点。

3.图8.20是湖北金环（000615）的日K线走势图，公司经营包括粘胶纤维制造销售与房地产开发等，是国内主要的粘胶纤维生产基地之一，粘胶纤维也是无纺布环保袋的主要原料。我国"限塑

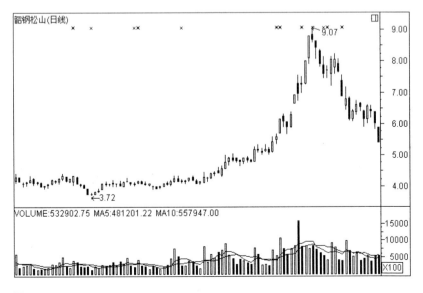

图8.19

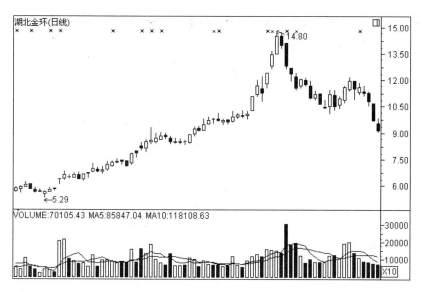

图8.20

令"措施，对该股业绩有所提升。

　　该股经过大幅拉升，创14.8元高点后，股价再无力创新高，主力机构利用投资者还处于希望股价继续大幅上涨的心理预期下，开始疯狂出货，随着成交量的迅速放大，股价应声下跌，而普通投资者还没有来得及反映，股价已跌去了较大的幅度，形成单峰顶的形态。

　　没有及时卖出的投资者看到自己在14.8元没有卖出，后悔不已，希望股价再次反弹回来，然而，股价并没有如其所愿，短暂反弹后，再次步入下跌之途，没有在顶部卖出的投资者被深套。

　　4.图8.21是新都酒店（000033）的日K线走势图，公司主营酒店业，是一家已有十余年历史的老牌星级酒店，公司核心资产四星级的新都酒店位于深圳闹市区，在深圳具有较好的知名度。

　　图中该股经过短时间大幅拉高后，冲到6.73元浅幅回落，在次高位一带展开长时间的调整，这种走势更容易迷惑投资者，令投资者不明白后市股价是涨还是跌，一些误认为股价调整后还会再次拉升的投资者，这个时候就会买入股票，股价在不知不觉中慢慢下跌，持股的投资者以为股价调整后，还会再创新高，从而不会卖出股票与主力抢着出货。

主力正好利用普通投资者的这种心理，慢慢出货，当主力手中的筹码卖出的差不多了，股价开始破位下跌；没有及时出局的投资者被深深套住，只有等着股价再次回到那个价位卖出了。

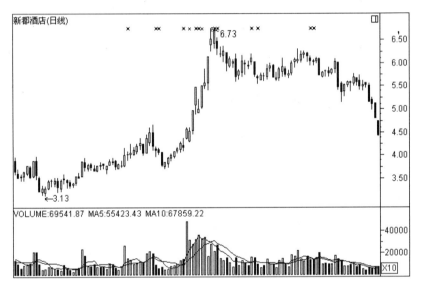

图8.21

第九章
Chapter 9

突发事件对黑马股走势的影响

第一节 突然停牌对黑马股的影响

Section 1

黑马股一般多为主力高度控盘的股票，一旦启动涨幅和涨速都很大，由于股价短时间内涨幅过大，达到涨幅限制遭到证监会核查或是公司发布核查公告，股票突然停牌或停牌一小时对黑马股走势的影响是很大的，无论什么原因开盘后，股价通常会受恐慌性卖盘抛售，造成股价下跌，这种情况下，股票走势就会出现分化，有个别主力高控盘的股票在经过短暂调整后还能继续上涨，但也有一部分股票受利空消息影响会因此一蹶不振。

例1：莱茵生物：受益流感概念五涨停遭核查

市场热炒的"甲型H1N1流感概念股"中，莱茵生物(002166)的投资者无疑是大赢家。不过，连续5个交易日涨停的莱茵生物遭到证监会的查处，公司股票被停牌核查。

莱茵生物在公告中称："公司股价出现异常波动，为避免公司股票交易价格在二级市场的大幅波动，保护投资者利益，公司现拟就是否存在应披露而未披露的影响公司股票价格波动的事项进行核实。为此，公司股票将自5月5日开市起停牌，在核实上述事项并公告后复牌。"

这也是莱茵生物第二次就异常波动出具公告。自市场开始热炒"流感概念"以来，莱茵生物就受到市场热捧，在4月27日、28日连续两个交易日，公司股票涨幅累计达到20%以上，莱茵生物于2009年4月29日出具异常波动说明。

当时，莱茵生物解释称："公共传媒报道了墨西哥、美国爆发的甲型H1N1流感病毒疫情，文中提及此次疫情将增加八角提取物莽草酸的市场需求，对公司业绩产生重要影响。经公司核查，公司目前未接到相关的莽草酸订单，此次疫情未对公司业绩产生影响。同时，公司生产经营情况正常，内外部经营环境未发生重大变化。"

然而，市场对莱茵生物的追捧却并没有因公司的澄清公告而降温。4月29日、4月30日及5月4日，公司股票交易价格再次连续三个交易日累计涨幅达到20%以上，于是就有了莱茵生物的停牌核查。

莱茵生物还表示："目前全球爆发猪流感疫情的可能性有待观察，若市场对于莽草酸的需求快速增长时，原材料八角也将会相应提价，公司的利润空间难以确定。如果公司接到相关订单，恢复莽草酸生产后最大产能约为每日500公斤。此次疫情对公司业绩的影响难以评估，公司将密切关注疫情的发展。"

公司股票于2009年5月8日上午开市起停牌1小时后复牌，并公布了核查公告，公告内容大意是："鉴于疫情的发展趋势、原材料市场的变动以及莽草酸市场需求的变动等诸多不确定性因素的影响，公司目前尚无法准确估计此次疫情对公司业绩影响的具体金额。"模棱两可的公告内容令后市行情发展显得更加扑朔迷离，开盘后股价受恐慌性卖盘打压疯狂下跌，下午开盘不久打至跌停位置，第二日主力资金展开自救行情，大单吃货，连续四个交易

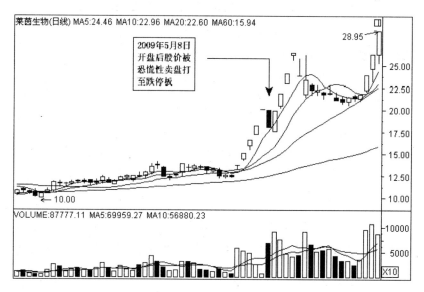

图9.1

涨停。

例2：6个交易日5涨停 深深房停牌自查

2009年10月份已经上涨超80%的深深房A（000029）终于发布停牌公告。该公司称："由于连续三个交易日收盘价格累计涨幅偏离值超过20%，将从今日起停牌核查相关情况。"

然而就在10月21日，在一片重组传闻声中，深深房A再度放巨量封上涨停，这已是该股近六个交易日第五个涨停，报收8.75元，距离9月30日的4.86元，在短短8个交易日内，深深房A已经上涨80.04%。

其实早在10月18日，在连续三个涨停后，深深房A就曾发布公告称："该公司不存在重大资产重组、收购、发行股份等行为，且经营情况和内外部经营环境不会发生或预计将要发生重大变化等。当时，深深房A就已承诺在至少3个月内不筹划资产重组、收购、发行股份等同类事项。"

然而，澄清公告并没有抑制住主力机构疯狂炒作的脚步，10月19日，深深房A再度强势封于涨停，在经过10月20日的休整后，于21日深深房A又再度收于涨停。

深深房A为深圳经济特区房地产股份有限公司，是深圳老牌房地产开发商，1993年9月15日就已在深交所挂牌交易，虽然上市较早、历史辉煌，但深深房A的业绩却一直不温不火。近三年的每股收益都只有几分钱，2009年中报的每股收益0.0076元，甚至连一分钱也不到。

就是这样一只业绩平平的地产股，却从10月13日开始突然放巨量开始上演了疯狂地涨停，不难让人产生有资产重组的预期联想。据有关媒体报道，有参与"炒作"的私募人士就是冲着深深房A有国资整合预期而来的。

2009年8月，当时深深房A股价只有5.05元时，中信建投曾发布研究报告，对该公司的评价是"销售业绩平平，房地产开发业务急需输血"，并明确指出，公司股价的主要支撑因素是投资者对公司重组的预期，如果公司股价继续下跌，重组成本越低，重组可能性越大。

至此，深深房A表示，为了履行必要的核查程序，向控股股东及实际控制人等进行核查，深深房A申请停牌，待该公司核查相关情况并发布公告后，股票复牌。

2009年11月2日公司发布核查公告，称："近期公司经营情况及内外部经营环境不会发生或预计将要发生重大变化；公司控股股东和实际控制人书面回函确认无计划对本公司进行股权协议转让、资产重组以及其他对本公司有重大影响的事项，并承诺至少在今明两年内不进行上述事项（不包括从二级市场减持）。"

公告内容打消了投资者对该股的重组预期，当日复牌后，深深房大跌9%，股价奔向跌停，随后受大量抄底盘介入股价长时间在跌停附近震荡盘整，至收盘时略有上涨，随后多个交易日股价一直处于震荡盘跌状态。

当深深房A成为市场明星的时候，地方国资整合、资产注入、高科技等各种各样的概念也冒了出来，但如若仔细推敲这些概念会发现这背后的风险不小，通常是主力机构趁机抛出这些概念题材炒

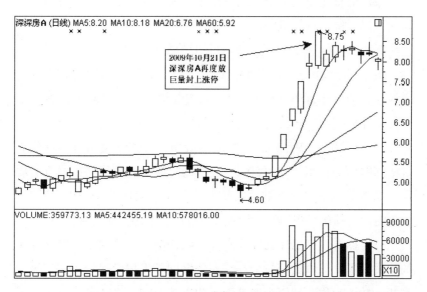

图9.2

作股价，投资者面对暴涨的股价有必要谨慎对待。

第二节 发布澄清公告对个股的影响

Section 2

主力坐庄一只股票，通常借助媒体、股评的力量制造某种题材或消息，来吸引散户跟风，由于股价连续大幅上涨传言四起，引起监管部门的注意，监管部门就会责令相关上市公司出面澄清并发布澄清公告，以抑制股价的暴涨。然而一些主力高度控盘的个股却不管这些什么公告，该怎么拉还怎么拉，股价在相关公司不断辟谣、澄清事实中不断走高。普通投资者犹如坠入云中雾中，买也不是抛也不是，战战兢兢地看着股价不断往上蹿。

公司发布澄清公告后，股价还能不断往上蹿的股票只是极少数主力高度控盘的个股，大部分股票股价正涨得兴起受到利空消息袭击时，犹如遭到闷头一棍，打个措手不及，常常会好长一段时间萎靡不振，更有些个股甚至会被一棍子打死，对于这些股票投资者要高度警惕股价下跌的风险。

例1：物联网概念落空　远望谷股价暴跌

图9.3是远望谷（002161）的日K线走势图，该股受物联网概念炒作，股价于2009年9月15日、16日连续涨停，公司于17日就股票交易异常波动发布公告：

"截至2009年9月16日，本公司股票连续三个交易日内日收盘价格涨幅偏离值累计超过20%，根据深交所《交易规则》的有关规定，属于股票价格异常波动的情形。公司股票将于2009年9月17日上午9：30—10：30停牌一小时，于当日上午10：30复牌。"

公告称有多家媒体刊登了有关"物联网"、"物联网概念股"的相关报道、评论或简析，纷纷对物联网的发展前景给予了积极的判断，并认为物联网概念股涉及远望谷等公司。

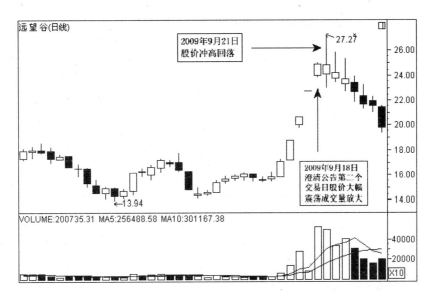

图9.3

公司发布公告表示公司生产经营情况正常，内外部经营环境未发生重大变化。经核查，公司及控股股东、实际控制人不存在应披露而未披露的重大事项，也不存在处于筹划阶段的重大事项。公司不存在违反公平信息披露规定的情形。

物联网指的是将各种信息传感设备，如射频识别装置、红外感应器、全球定位系统、激光扫描器等种种装置与互联网结合起来而形成的一个巨大网络。其目的，是让所有的物品都与网络连接在一起，方便识别和管理。物联网是利用无所不在的网络技术建立起来的。

在物联网产业链中远望谷是属于射频识别(RFID)技术研究与开发的公司之一。"物联网"这一新概念的提出对公司未来业绩不会产生实质性影响，公司发布公告请广大投资者理性投资，注意风险。

9月17日当日开盘后，股价并没有因公告的发布而下跌，反而被主力资金直接封住涨停板，主力机构的目的是利用股价大幅上涨吸引跟风盘。18日股价开盘顺势冲击涨停板，在涨停位置附近展

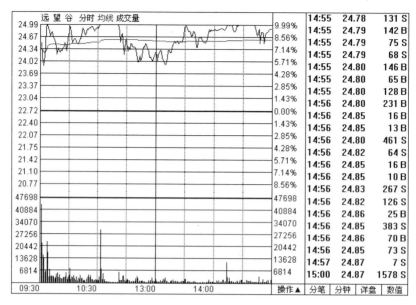

图9.4 远望谷 2009年9月18日 即时图

开大幅震荡，同时成交量迅速放大，显示有大资金出逃迹象（图9.4）。第二个交易日也就是21日开盘后股价经过调整冲高回落，成交量再次放大，随后连续多个交易日股价展开大幅下跌行情，在股价高位介入的投资者被套牢。公司发布的澄清公告在一定程度上还是影响了股价的走势。

例2：整体上市概念遭爆炒公司忙澄清

在众多炒作题材中，整体上市概念是目前市场上最炙手可热的题材之一，成了主力机构点石成金的法宝，主力机构在选择目标股时，也常把目标侧重于有整体上市概念的个股身上，只要沾上这一概念，股价立马涨停，于是在相关个股强劲表现的示范效应下，更多的具有潜在整体上市题材的个股成了资金追捧的目标，就连股评推荐个股也尽量要和它扯上关系，各种各样真真假假的市场传闻也在市场当中疯传。

正是由于主力机构借助整体上市概念疯狂炒作，上市公司股价连续飙升，市场传闻四起，引起证监会调查，相关上市公司不得不出面澄清。

如五矿发展、澳柯玛、电广传媒和西飞国际等公司就整体上市发布澄清公告。

其中，西飞国际公告称："目前中国一航尚无将国际转包业务资产注入西飞国际的设想和将飞机总装资产整合到西飞的打算。"

从发布了澄清公告的个股表现来看，尽管澄清当天个股出现小幅下跌的迹象，但这些个股跌幅非常小，随着越来越多的个股由于整体上市题材股价被大幅炒高，在众多投资者的询问和证监会的调查下，上市公司不得不出面澄清。但值得注意的是，这些公司的澄清公告，都非常简短，只有两三句话，含糊不清，然而措辞非常讲究，例如电广传媒，公司公告中称："公司控股股东和实际控制人目前及未来三个月内没有整体上市计划。"这样包含具体时间期限的澄清公告，表明所澄清的事件是有前提条件的，类似的情况还有"2009年内无整体上市计划"等。

澄清公告到底澄清了什么，又肯定了什么，透露了哪些有效信息，对股价的走势造成哪些影响，值得投资者仔细斟酌。

在上市公司含糊其辞的澄清公告面前，让投资者反而认为确实存在整体上市的可能，这样的澄清公告反而会增大市场对整体上市的预期。在股市浸润多年的投资者都知道，炒股炒股，炒的就是预期，题材越含糊、越模棱两可股价越涨，一旦消息证实，股价反而面临下跌的风险。

那么投资者面对上市公司的澄清公告，又该如何把握其中的投机机会和规避潜在的投资风险呢？

如果相关个股股价经过前期大幅上涨，市场中开始流传公司整体上市传闻，这通常是主力机构吸引散户跟进的手段，如果公司就事件发布澄清公告，完全是借用子虚乌有的虚假传闻进行炒作，公司对事件的澄清比较明确，那么投资者应该坚决回避。如果股价处于底部区域，相关上市公司发布的澄清公告措辞模棱两可，就会增强市场对其未来的憧憬和预期，再加上股价处于启动初期有进一步拉升空间，这样的个股反而值得投资者把握其中的投资机会。

第三节 黑马股突然遭遇大盘下跌

Section 3

大盘下跌时，黑马股的走势往往会出现分化，一些主力高度持仓的股票，为了避免股价下跌导致前期的拉升工作白费，当大盘下跌时，股价不仅不会跌，主力机构反而会拼命往上拉抬股价，甚至打到涨停板，目的是要给持股的投资者信心，避免出现恐慌性抛盘引发股价的大跌。

当然大盘下跌还能继续往上涨的个股毕竟是少数，普通投资者能抓住这种机会的概率相当低，而且盲目参与的风险较大。我们知道，大盘走势对个股的走势有着宏观的制约作用，主力机构坐庄的股票通常会跟随大盘的涨跌，这样当大盘上涨时，人气旺，买入的人多，抛售的人少，主力拉升股价就会很省力；相反如果大盘下跌，人气低迷，买入的人就少，抛售的人就多，主力要想拉升股价必然要耗费大量资金托盘，而且一旦股价冲高还会引发短线客抛售，主力往往会主动采取防御措施，让股价跌下来在重要的支撑位置来回震荡盘整，等待再次拉升的机会。

当大盘下跌时，主力机构通常会逢高卖出股票，主动打压股价，这样可以达到三个目的：一、可以高价抛售筹码等股价跌下来再捡回筹码赚取差价；二、股价跌了，本来想趁股价冲高时卖股票的投资者看到股价跌了，卖出的欲望也就小了，这样可以帮助主力锁仓；三、股价下跌可以吓出一部分短线客，清理浮动筹码；可谓一石三鸟。当然如果大盘趋势转坏，任何股票都有可能下跌，主力机构会疯狂抛售股票，导致股价大跌。

当大盘背景不好时，投资者尽量不要为盘面的个股涨跌所诱惑，耐心等待有把握的机会再出手，有些投资者在实盘操作中经常忽视大盘的走势，认为只要个股走的好，不用看大盘，其实这种认识是片面的，也许你见到一只股票涨得好，一时冲动买进，如果大盘下跌，你买入后，股价可能也会跟着下跌，则你就有可能被套

牢。如果大盘下跌，个股极少能走出独立行情，即使是走势很好的
黑马股，如果大盘走坏，个股的走势也会发生变化，经常出现单峰
顶的下跌走势，投资者应高度警惕股价突然下跌的风险，不要盲目

图9.5

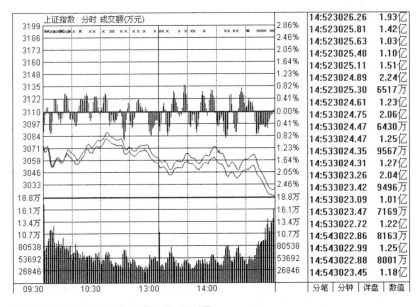

图9.6 上证指数 2009年10月27日 即时图

追高。

2009年10月27日上证指数长时间在2639点至3100点之间震荡盘整后，指数再次大幅下跌88点，跌幅达2.83%（图9.5－图9.6），

图9.7

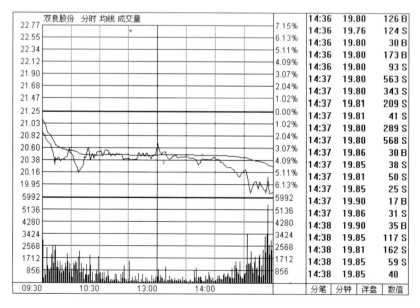

图9.8 双良股份 2009年10月27日即时图

受大盘下跌影响，大多数股票也跟着往下跌，一些走势强劲的黑马股也无法幸免。

例1：图9.7是双良股份（600481）的日K线图，股价在2009年10月27日前一直处于拉升走势，27日大盘下跌当日，该股开盘跟随大盘下跌，至收盘时跌幅达6.78%，该股的上涨趋势被破坏，随后连续12个交易日股价一直在20元附近震荡盘整。

例2：图9.9是江淮汽车（600418）的日K线图，2009年10月27日前该股处于震荡加速拉升阶段，27日当天大盘下跌，该股顽强拉升，当该股盘中连续冲高时，受到大量抛盘打压，股价冲高回落至前一日收盘价附近，追高买进的投资者被套。

图9.9

例3：2009年11月26日上证指数延续前两日跌势，开盘后一路下跌，至收盘时收于3170点，股指下跌119点，跌幅达3.62%，作为一只大幅拉升的黑马股莲花味精，受大盘下跌影响无法继续上攻，开盘后大量卖单蜂拥而出，股价大幅跳水，至收盘时下跌8.59%，一根放量大阴线把在高位追进的股民套住（图9.11）。

11月26日前莲花味精一直处于强势涨停走势，11月24日沪指虽

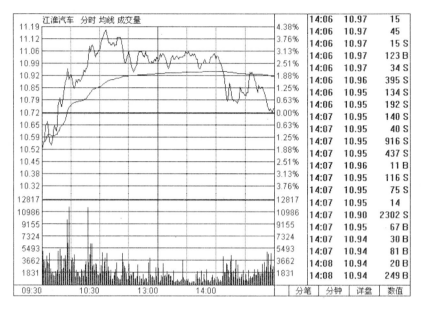

图9.10 江淮汽车 2009年10月27日 即时图

然下跌115点，但并没有影响主力资金将莲花味精封于涨停板。26
日由于股价短期内连续涨停，涨幅较大，累积的获利盘相当大，股
价本身存在下跌的风险，加上大盘下跌，该股再也无法继续维持强

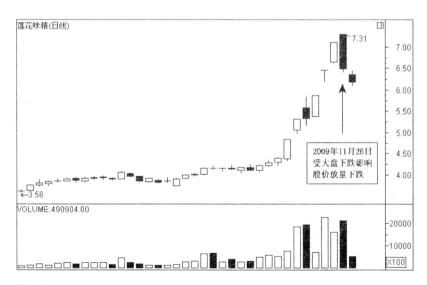

图9.11

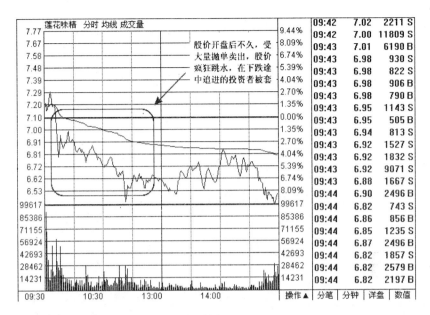

图9.12 莲花味精 2009年11月26日 即时图

势走势，大量获利盘疯狂杀跌出逃，而被股价大幅上涨激起冲动性买入情绪的投资者，心存侥幸心理在下跌途中追进，没想到等来的不是股价的再次涨停，而是股价放量大跌，当日买进者大多被套牢（图9.12）。

当面对股价的大幅上涨时，投资者不能忽略股价下跌的风险，尤其不能心存侥幸心理冲动地在高价位买入，黑马股虽然走势强劲，但也无法脱离大盘下跌的影响。投资者如果错过了股价启动初期的买入机会，应该以平静坦然的心态面对股价的暴涨，当你放弃了一些看似机会的时机时，同时也规避了一些不可预知的风险。

第四节 政策面的变化对股市的影响

Section 4

股市的上涨和下跌离不开政策的调控，一方面，国家希望股市涨起来，以便发行新股为国企融资，同时推动经济的发展，如著名的5.19行情，1999年上半年，股票市场已经经历了长达近两年的盘整行情，整体一直处于下滑状态，到了1999年5月18日，沪深两市综合指数已经分别跌至1059点和310点，比1998年6月3日高点沪指下跌25.4%、深指下跌24.9%，不少股票和基金也先后跌破发行价。

当时这种跌法是很少见的，股市的持续下跌造成许多不利因素，第一，不利于筹集资金支持经济建设；第二，市场持续低迷，导致新股发行困难，不利于发挥资本市场功能；第三，投资者普遍被套，损失严重，不利于提高人民生活水平，同时影响了投资者信心和社会稳定。

在这种背景下，证监会采取了整治市场违法违规的问题、解决证券公司合法融资渠道和扩大证券投资基金的试点等有力措施，没想到政策出台后，引起市场超乎预期的反响，就这样，一轮井喷式的上涨行情就在投资者毫无准备的情况下展开了。行情来得非常突然，事先没有任何征兆，并且一旦启动就具有巨大的爆发力，当年5月19日至6月30日的31个交易日中，仅有8个交易日是下跌，指数几乎是沿着一条60度倾斜的上升通道攀升，短线涨幅惊人，成交量急促放大，6月30日两市合计成交量达到833亿元的天量。

技术上走势更强的上证综指在突破历史高位1558点时继续上涨了13%，在创出1756点历史新高后才停止上攻，行情几乎是一气呵成。

科技股、网络股、绩优股和国企大盘股轮番领涨，深科技、东方明珠、深发展、四川长虹等龙头股对大盘贡献巨大；其中，网络科技股的市场热点更持续到2000年夏季。而绩差股、ST股大多在原地踏步，直到大盘见顶回落，才走出补涨行情，涨幅大多非常有限。5·19行情扭转了股市的持续低迷，企稳回升，恢复了市场人气，扩展股市的发展空间，也给投资者和市场各方带来了欣喜和期盼。

再比如2001年以来股市受国有股减持影响一路下跌，一直跌了四年，直到2005年6月6日沪指跌破1000点，国家出台一系列利好政策，股市才止跌回升，受股改行情拉动，2007年股市出现疯狂上涨行情，地产、金融和资源类个股均出现大幅上涨行情，一匹匹涨幅巨大的黑马股不断涌现。

另一方面，如果股市涨的过高过快，国家又担心股市这么疯狂的上涨，居民都把银行存款投入股市，对国家金融安全造成巨大的风险，对经济发展就会造成破坏。因此每当股市涨幅过大，国家就会出台利空政策，打压股市，比如2007年5月30日财政部提高印花税，借此打压虚高的股市，没想到造成股市连续下跌5天，大部分股票出现连续跌停的惨状，这是管理层也没有料到的。

再比如加快新股发行，通过分流股市资金来平抑股市的过快上涨，最典型的案例就是中国石油大盘股发行，对股市资金造成大抽血，也使股市在冲高6124点后，步入漫漫阴跌之途；同时清查违规资金入市和违法违规操纵股价的行为，借此打压股市资金的流入，以便把过高的股价打下来，清除泡沫。

由于政策的调控和受金融危机的影响，2007年10月份股市开始下跌，经过大半年的漫长下跌，大多数股票都被腰斩，成交量极其稀少，有些股票甚至破发或接近净资产，此时新股发行就会困难，不仅发行价提不上去，而且还会增加投资者的恐慌心理，加速股市的下跌，形成恶性循环。由于股市的不断下跌，此时不管庄家、机构还是券商，以及普通投资者都是亏损累累，无法过日子，各方面都难以维持下去，此时人心思涨，这个时候国家就会出台一系列利好措施刺激股市上涨，比如降低印花税，下调利率，暂停发行新股和允许银行资金流入股市等一系列措施来稳定股市。

2009年初国家出台刺激内需的一系列利好政策，股市开始见底回升，许多股票也开始上涨，在财政政策、货币政策双转向的同时，十大措施4万亿投资促内需的政策刺激下，A股应声上扬，走出了一波强劲拉升行情，此时由于政策面趋暖，各路主力机构纷纷建仓做多A股，上涨个股此起彼伏，一匹匹黑马股不断涌现，投资者在这波上涨行情中也获得了丰厚的收益。

国家一放松银根，大量的资金就会流入股市，由于监管的局限性，大量资金以公司流动资金、投资房地产等名义从银行贷出，悄悄流入股市造成股市暴涨。一旦国家收紧银根，又会造成资金向银行回流，从而造成股市的疯狂暴跌。比如前一段时间受央行报告称货币政策将进行"动态微调"影响，沪深股市受这一政策面的变化于2009年8月6日下跌，且跌幅双双超过2%。

市场走势发生变化的同时，金融、地产股等主流板块在沪指突破3400点后，也出现了较长时间的调整。有色金属、资源类个股以及更多的周期性行业在跟随期货冲高后也出现了回落。大部分个股随大盘展开长时间的调整。前期走势比较好的黑马股也无法幸免；当大势转向，投资者不要心存侥幸心理，主观认为个股的走势可以脱离大盘的制约，当政策面发生变化时，投资者要警惕股票的走势变化，积极采取措施锁定盈利。

第五节 消息面对股票走势的影响

Section 5

主力机构在坐庄过程中经常借助股评和媒体散布消息，引诱散户做出错误的决策。比如主力机构如果想吸纳筹码，他则散布目标股的利空消息，如公司业绩下滑、出现亏损、遇到什么什么灾害、公司管理层出现问题等，总之一切不利的消息，目的是要吓出持股的投资者将手中的筹码抛出，大部分普通投资者由于消息来源的局限性，不知道消息的真假，也无从去查实消息的真假，这种情况下，投资者通常害怕股价大幅下跌，而卖出手中的股票。

例如有一家机构看好一只股票，他想吸纳该股的流通筹码，但是如果在目前的价位吸纳的话，建仓成本会高一点，另外该股每日的成交量不足3%，如果大资金吸筹的话很困难，有可能筹码没吸到多少，反而将股价打高，于是他们想了一个办法，与上市公司联系，让上市公司发布公司发生火灾的消息，只需发布公司发生了火灾对公司造成一定损失，其他具体情况不用透露，为以后披露核查消息埋下伏笔。公司发生火灾的消息一经刊登，引起股民的恐慌性抛售，股价出现放量急跌，提前准备好的主力机构趁机吸纳筹码。

经过一段时间后，该机构吸纳的筹码达到了足够控盘的程度，他又联系上市公司发布了一纸公告，公告内容是关于上次火灾情况的进一步披露："经公司核查，火灾是由于电路老化造成的，只是烧毁了公司一个临时性仓库，没有人员伤亡情况，由于公司有保险，损失已由保险公司理赔，火灾对公司经营和业绩不会产生任何影响。"

消息一经刊登，股票复牌后立刻引起股民大量买进，股价又回到了原来的下跌位置，这么一跌一涨，主力机构毫不费力，既拿到了筹码，又赚取了收益。而受到利空消息影响卖出的投资者则既丢失了筹码又损失了钱财，可见消息面对股价的走势影响和投资者的收益是至关重要的。

假如是一只主力高度控盘的股票，主力机构希望有大量的跟风盘买进，从而带动股价大幅上涨，股价涨高后主力机构可以从容出货，这时主力机构则会散布针对该股的利好消息，比如公司业绩大幅提升、有新产品问世等，更能吸引投资者眼球的是公司资产重组、整体上市等爆炸性题材，足可以让股价拉出几个涨停板，股价受到消息面的刺激通常会出现大幅上涨的行情，普通投资者受到利好消息和股价上涨的影响，通常会高位追进，而忽视消息的真实性和股价下跌的风险。

例如一家机构看好了一家生物制药公司，通过长时间吸筹后，达到控盘程度，主力机构为了拉抬股价，通过电视、报纸等媒体散布消息，消息内容："公司研制的新产品抗肿瘤药物，济世一号、济世二号目前进入临床阶段，一旦临床试验成功即会上市，造福患者。新产品市场前景广阔，一旦上市销售，公司业绩将会大幅提升。"消息一出，立刻引来投资者疯狂抢筹，主力机构顺势拉抬股价，股价出现快速拉升行情，接连几个涨停板，没有及时买进的股民，后悔自己买晚了，当涨停板打开时不顾一切买进，主力机构则趁机出货，成交量大幅放大。

过了一段时间有媒体针对该事件做了相关报道："据本报记者调查公司所谓的抗肿瘤药物，临床试验治疗效果并不理想，此前相关媒体的报道有失真实，提醒广大投资者理性投资，注意风险。"这则报道一出，该公司股价应声下跌，在高位追进的投资者则面临股价大幅下跌的风险；然而此前操作该股的主力机构早已逃之夭夭。

此类案例举不胜举，股市是一个充满了各种消息的市场，尤其在牛市中更是如此，所谓无风不起浪、无利不起早，既然有消息，那么炮制消息的人一定是有一定目的的，我们常常看到有些股票在底部的时候传出利好消息后就快速拉起，之后股价在相关公司不断辟谣、澄清事实中不断走高；可以说消息在这里起到了引起市场关注的作用，消息是真是假大部分投资者是不知道的，但由于市场关注度高，主力略有动作就刺激了股价的上涨，所以在听到消息的时候，只要股价在相对低位有启动迹象，投资者不用理会消息的真假，在股价启动初期买入，盈利的概率还是相当大的。

股市有其内在的运行规律，消息面只会对股价的短期波动造成影响，但大方向不会改变。比如一只股票已经进入了拉升阶段，一个利好消息无非是加速股价的上涨，而不是因为有利好消息而上涨，主力资金借机拉抬股价才是股价真正上涨的内因，最大的利好消息就是股价跌过了头，存在极大的上涨动力。同样在股价上涨初期，一个利空消息的出现，只会短期内使股价回调，回调结束恐慌性卖盘出局后股价还会继续上行，但是投资者要注意最大的利空消息是股价涨过了头，存在下跌的动能，此时无论有没有利空消息股价最终是要下跌的，利空消息的出现无非是加速股价的下跌，投资者在实战操作中要注意消息出现的时机和位置，进行综合辩证分析。

有些消息出现，有人认为简直就是无稽之谈，根本不用理会，其实不然，当股价疯狂上涨时出现的一些利空消息，投资者要高度警惕，比如上调印花税、严查信贷资金等，这通常是一些大资金察觉出管理层的政策变化，如2007年5月30日前，市场中就流传印花税要提高，后来财政部辟谣，正因为如此大多数投资者产生了麻痹的心理，认为管理层最近不会提高印花税，而忽视股价下跌的风险。然而5月30日财政部突然上调印花税，把投资者打了个措手不及，大部分个股连续跌停，一些主力机构也没能逃脱。后来被套的主力机构展开自救，股价才开始报复性上涨。

那么投资者如何采取正确的措施对待这些消息呢？首先各种消息都是有很强的目的性，利好消息的出现，无非是主力机构想拉抬股价，或者吸引跟风盘进场，投资者对个股的走势进行详细分析，如果股价处于拉升初期，有利可图，投资者可以趁机跟进，如果股价大幅上涨后利好消息出现，投资者可以明白主力机构的意图是引你上钩。只要投资者具备了这些识别能力，完全可以避免主力的阴谋诡计。

同样利空消息的出现一定是有些资金想让个股或大盘跌下去，至少在利空消息的作用下，敢于进场的资金减少，对以后向下打压更有利。如果股市出现疯狂上涨，涨过了头危害到国家经济和金融的安全，国家就要发布利空消息，把股价打下来，起码要让股市在一个稳定的区域内运行，如2007年A股疯狂上涨，冲破6000点大关，管理层连续出台利空政策，股市最终出现暴跌。投资者明白了这些道理，再面对各种消息时就可以做到迎刃而解了。

书稿终于完成了，可以交付出版社了，希望能尽快与读者朋友见面。

在相继出版了《连续飙升的背后》、《K线形态实战技术》后，收到很多读者的来信，有些读者的来信由于时间关系，没能及时回复，在此表示歉意，同时感谢各位读者的支持。

能把自己炒股的知识和经验写出来与读者分享，并且能给股友在实战交易中提供帮助我感到很欣慰。有许多读者朋友发来邮件交流感想，在此摘录部分读者来信。

山东读者"青岛大海"来信：

韩哥，你好，我是你的读者，你写的《连续飙升的背后》我感觉真的很好，太好了……一针见血！这是我感觉看到股票里面最好的书。我们可以做朋友吗……我对别人推荐你的书，别人竟然不以为然，真的好可惜。我是山东青岛的……期待你的来信。

读者"阿里巴巴"来信：

韩老师：

你好！近日拜读了你写的股票方面的书，深有同感和启发。要找到这样的股确实要花很多的精力，因为二千多个股要一个一个地翻看，对于一个人来说是不可能完成的，所以我采取了只看涨停板个股来找黑马的方法，主要是看涨停的位置是不是处在启动点上，但实践中还是有出错的时候，以后我会把我真实操作的情况告诉你，请你多加指导！

读者"liuyangde***@sina.com"来信：

韩先生：

您好！贵书《连续飚升的背后》像黑夜的明灯一样，给我指明了前进的方向，使我受到了很大的启示。书中的思想观点……只在股价涨幅最大、获利最多的拉升阶段跟庄操作，是切实可行且行之有效的。以后还望多赐教。

北京读者"小董"来信：

永生老师您好：

我是您《连续飙升的背后》一书的读者，这本书太有实用价值了。我2003年进入股市，但从来没有炒过股票，2007年开始炒股，就像您书中提到的，刚开始也挣了少许的钱，但后来赔的很惨。从股市出来后，心里一直不服气，从2008年初开始买各类的炒股书籍学习，前前后后买过近20本的炒股书学习，但能从书中吸收到的东西很少，可能是由于我是个上班族，没有努力去学习的缘故吧。

一次偶然的机会我在图书城看到了您写的这本书，很吸引我，当时我爱人还叫我不要买了，说家里这样的书太多了，可能是我比较固执，坚决买下。回家草草看了一遍，觉得里面写的知识很易懂，接着看了第二遍，第三遍。直到现在是我在看第四遍的途中。从这本书中我得到的"宏观知识"是只做上升趋势，看清主力吸货区，突破买入，不做看不懂的股票，赚够自己想要的就走，不贪婪。微观看法中有些不明白，因为第四遍中我在每个字每个字的看和研究……现在的主力、庄家会随着散户心理的提升，来回改变炒股方法，您觉得他们归根结底不会变的东西是什么？希望您再出版新的书籍时能及时告知，因为我们上班族很少有时间去逛图书城的。

再次感谢您永生老师。

在我与众多读者的交流中，经常谈到一个问题，普通投资者怎样才能真正掌握炒股的技术，我依据自己多年的炒股经验感觉，投资者只有通过对股市运行规律的深入研究和学习，对股市进行客观、全面、综合辩证分析，在这个基础之上进行理性投资。

投资者要想提高炒股技术，使资金稳步增值，只有通过学习正确的炒股知识，提高自身的知识层次，不断在实战交易中进行研究和总结，对股市的认知越深刻，你炒股的技术才能不断提高，随着时间的推移以前的一些不良交易习惯也会慢慢消失，比如：冲动性交易、无论什么情况下都重仓交易、盲目追涨杀跌等不良交易习惯，随着自己炒股技能的提高，这些不良交易习惯对你的影响会越来越弱。

炒股是一门既简单又复杂的技术，你要有顽强的毅力通过不断的学习和努力，一旦掌握这门技术就可以实现不断盈利。对于任何想通过捷径获取收益的人，成功只是短暂的，最终离目标反而会越走越远。由于刚炒股不久的股民对股市知识的欠缺，加上急于赚钱，心态不平静，经常导致资金出现亏损，只有当你明白股市的运行规律和股价的涨跌原理时，知道为什么亏为什么赚时，你才能知道自己应该怎么做，投资才能赚钱，你才能利用这种方法不断获取收益。

最后祝各位股友身体健康、投资成功、年年发财。

读者交流邮箱：518LE@163.com

韩永生

2009年11月28日

"引领时代"金融投资系列书目

序号	书名	作者	译者	定价
世界交易经典译丛				
1	《我如何以交易为生》	（美）加里·史密斯	张 轶	42.00元
2	《华尔街40年投机和冒险》	（美）理查德·D.威科夫	蒋少华、代玉簪	39.00元
3	《非赌博式交易》	（美）马塞尔·林克	沈阳格微翻译服务中心	45.00元
4	《一个交易者的资金管理系统》	（美）班尼特·A.麦克道尔	张 轶	36.00元
5	《非波纳奇交易》	（美）卡罗琳·伯罗登	沈阳格微翻译服务中心	42.00元
6	《顶级交易的三大技巧》	（美）汉克·普鲁登	张 轶	42.00元
7	《以趋势交易为生》	（美）托马斯·K.卡尔	张 轶	38.00元
8	《超越技术分析》	（美）图莎尔·钱德	罗光海	55.00元
9	《商品期货市场的交易时机》	（美）科林·亚历山大	郭洪钧、关慧——海通期货研究所	42.00元
10	《技术分析解密》	（美）康斯坦丝·布朗	沈阳格微翻译服务中心	38.00元
11	《日内交易策略》	（英、新、澳）戴维·班尼特	张意忠	33.00元
12	《马伯金融市场操作艺术》	（英）布莱恩·马伯	吴 楠	52.00元
13	《交易风险管理》	（美）肯尼思·L.格兰特	蒋少华、代玉簪	45.00元
14	《非同寻常的大众幻想与全民疯狂》	（英）查尔斯·麦基	黄惠兰、邹林华	58.00元
15	《高胜算交易策略》	（美）罗伯特·C.迈纳	张意忠	48.00元
16	《每日交易心理训练》	（美）布里特·N.斯蒂恩博格	沈阳格微翻译服务中心	48.00元（估）
实用技术分析				
17	《如何选择超级黑马》	冷风树	——	48.00元
18	《散户法宝》	陈立辉	——	38.00元

19	《庄家克星》（修订第2版）	童牧野	——————	48.00元
20	《老鼠戏猫》	姚茂敦	——————	35.00元
21	《一阳锁套利及投机技巧》	一阳	——————	32.00元
22	《短线看量技巧》	一阳	——————	35.00元
23	《对称理论的实战法则》	冷风树	——————	42.00元
24	《金牌交易员操盘教程》	冷风树	——————	48.00元
25	《黑马股走势规律与操盘技巧》	韩永生	——————	38.00元
26	《万法归宗》	陈立辉	——————	40.00元

图书邮购方法：

方法一：可登陆网站www.zhipinbook.com联系我们；

方法二：可将所购图书的名称、数量等发至zhipin@vip.sina.com订购；

方法三：可直接邮政汇款至：

北京朝阳区水碓子东路22号团圆居101室　　邮编：100026 收款人：白剑峰

无论以何种方式订购，请务必附上您的联系地址、邮编及电话。款到发书，免邮寄费。

如快递，另付快递费5元/册。

请咨询电话：010-85962030 （9：00-17：30，周日休息）

邮购信箱：zhipin@vip.sina.com　　网站链接：www.zhipinbook.com

智品書業
ZHIPIN BOOKS